ORTHOLÉGIE

GUIDE DU MAITRE

2155. — PARIS. IMPRIMERIE DE ÉDOUARD BLOT, RUE SAINT-LOUIS, 46.

ORTHOLÉGIE

MÉTHODE DE LECTURE

ET DE

PRONONCIATION

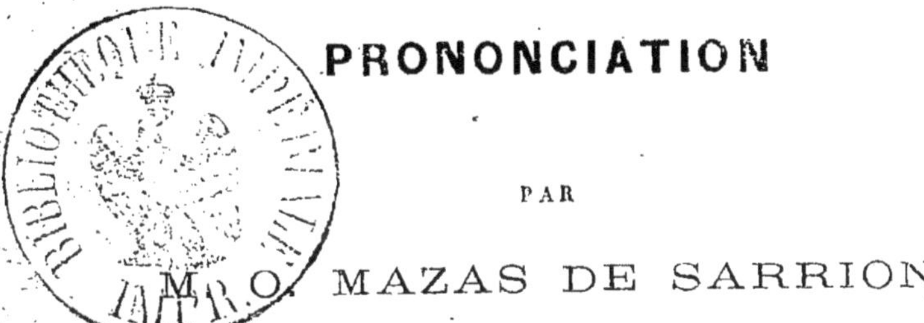

PAR

M. O. MAZAS DE SARRION

GUIDE DU MAITRE

PARIS

AUG. GODCHAUX ET Cie, LIBRAIRES-ÉDITEURS

66, RUE DES TOURNELLES, 66

1861

AVANT-PROPOS

Dans les langues où les signes graphiques expriment directement des idées plutôt qu'ils ne représentent des sons, c'est-à-dire dans la plupart des langues de l'extrême Orient, la lecture repose sur des considérations quelquefois très-métaphysiques, et constitue une véritable science. Dans les langues à écriture purement phonétique, comme sont toutes celles de l'Europe, les difficultés de la lecture sont d'un ordre beaucoup moins élevé, et tiennent uniquement à ce que les rapports entre la langue parlée et la langue écrite n'ont pas toujours la régularité et la simplicité voulues, un même signe représentant souvent divers sons, et un même son pouvant d'ordinaire être représenté par divers signes. Sous ce rapport, notre langue est, parmi celles de cette seconde catégorie, l'une des plus difficiles.

La difficulté de la lecture du français s'accroît encore des difficultés inhérentes à la prononciation de notre langue, prononciation si délicate dans ses nuances, et si cruellement défigurée par le contact des idiomes provinciaux. Car, il faut le dire, l'unité française, si parfaite sous tous les rapports essentiels, laisse beaucoup à désirer au point de vue du langage, point de vue secondaire sans doute, mais qui pourtant a bien aussi son importance. Ces incorrections, dont les étrangers qui visitent nos provinces sont d'autant plus étonnés et choqués, que ce n'est pas seulement dans la classe illettrée qu'ils les observent, iront disparaissant peu à peu, grâce aux efforts intelligents des hommes dévoués auxquels est confié le premier enseignement des jeunes générations. Puisse notre modeste travail leur être de quelque secours dans l'accomplissement d'une œuvre si digne de leur zèle !

Dans cette vue, nous avons consacré notre premier chapitre à un exposé des vrais principes de la prononciation française, et nous espérons qu'on voudra bien reconnaître que, sur un sujet tant de fois traité, nous avons fait un travail quelque peu neuf à force d'exactitude.

Après cet exposé, qui, dans un ouvrage sur l'enseignement de la lecture, n'est qu'une sorte de préliminaire, nous en venons au sujet principal, et nous étudions successivement les deux questions qui renferment tout ce qu'on peut dire sur cette matière, savoir la question des *procédés* et celle de la *méthode*. Les procédés sont exposés et examinés dans le chapitre II, où nous proposons un mode d'épellation qui nous semble remplir toutes les conditions voulues, et résoudre complétement le problème fondamental duquel dépendent tous les détails de l'enseignement de la lecture, notamment la question tant débattue de l'*appellation des lettres*.

Pour ce qui concerne la méthode, nous ne faisons qu'expliquer dans le chapitre III celle qui nous a paru la meilleure, et qui se trouve exposée et appliquée dans notre *Livre de l'élève*. Pour cela, nous suivons le livre de l'élève leçon par leçon, donnant sur chacune d'elles toutes les indications pratiques qui nous ont semblé de nature à assurer le succès de l'enseignement.

Notre conscience nous rend le témoignage que nous n'avons rien omis de ce qui était en notre pouvoir pour faire un travail vraiment utile ; nous profiterons, pour l'améliorer, des observations qu'on voudra bien nous adresser, et qui seront toujours reçues avec une vive reconnaissance.

ORTHOLÉGIE

GUIDE DU MAITRE.

Toute langue peut être parlée et écrite. Une langue *parlée* exprime les idées au moyen de *sons*, formant des mots; une langue *écrite* représente les sons, et par suite les mots, au moyen de caractères nommés *lettres*. Savoir prononcer les mots que l'on voit écrits, c'est savoir *lire;* être en état d'écrire conformément à l'usage et aux lois de la langue, les mots que l'on entend prononcer, c'est savoir l'*orthographe :* ces deux connaissances sont donc liées par une étroite réciprocité; d'où il résulte que la lecture, apprise au moyen d'une méthode vraiment rationnelle, ne peut manquer d'être une excellente préparation à l'étude de l'orthographe.

Pour réussir dans l'enseignement de la lecture, le seul dont nous ayons à nous occuper ici d'une manière directe, il est nécessaire, avant tout, de bien connaître les éléments de la langue parlée; nous allons donc commencer par cette étude, qui a été faite bien des fois, et sur laquelle pourtant il y a encore, ce nous semble, quelque chose à faire.

CHAPITRE PREMIER.

Éléments de la langue parlée.

Toute langue parlée comprend des éléments de deux espèces bien distinctes, que nous appelons, les uns *voix* (1), les autres *articulations*. Nous allons nous occuper successivement des unes et des autres.

ARTICLE Ier. — DES VOIX.

Pour bien comprendre tout ce qui concerne les voix, il faut d'abord avoir une idée de la manière dont nos organes les produisent. Lorsque nous voulons parler, nos poumons expulsent une certaine quantité d'air, qui, à l'issue de la trachée-artère, canal par lequel il arrive à la bouche, est mis en vibration et rendu sonore par la glotte, petit appareil qui a de l'analogie avec l'*anche* de certains instruments. Cet air parcourt ensuite la bouche, et, suivant la manière dont se trouvent disposés, au moment de son passage, les organes vocaux, comme la langue, les dents, les lèvres, etc., il produit sur l'oreille des impressions différentes. C'est ainsi que se forment les différentes voix, qui peuvent être ramenées à huit principales, savoir :

a, è, é, i ; — o, eu, u, ou.

(1) Plusieurs grammairiens appellent *sons* ce que nous nommons *voix*, ou emploient indifféremment tantôt l'une de ces dénominations et tantôt l'autre, les regardant comme équivalentes ; d'autres donnent au mot *son* une plus grande extension, l'appliquant aux articulations aussi bien qu'aux voix, et c'est ce que nous ferons, sans prétendre décider que cette manière d'entendre le mot *son* soit plus exacte que l'autre, mais uniquement parce qu'il nous sera commode d'avoir un terme pour désigner d'une manière générale tous les éléments de la langue parlée.

Deux de ces voix, *eu* et *ou*, sont représentées par des combinaisons de deux lettres, ce qui ne veut pas dire qu'elles soient des sons moins simples que les autres voix, que *a* et *i*, par exemple, mais seulement que notre langue manque de lettres spéciales pour les représenter.

Nous avons divisé les huit voix en deux séries, d'après les organes qui jouent le principal rôle dans la formation de chacune d'elles. Si l'on prononce successivement les quatre voix de la première série, on remarquera que, pour la voix *a*, la langue s'écarte le plus possible du palais, laissant le passage entièrement libre à l'air sonore, et que, pour les trois suivantes, la langue va se rapprochant graduellement du palais, en sorte que, lorsqu'on arrive à la voix *i*, il ne reste pour l'air sonore qu'un passage extrêmement étroit. Ainsi, le palais et la langue sont les organes qui interviennent surtout dans la formation de ces voix, que l'on peut en conséquence appeler *palato-linguales*. Quant aux lèvres, elles ne contribuent en rien à leur formation ; tandis qu'au contraire, dans la prononciation des quatre autres, elles jouent le principal rôle, formant, pour la voix *o*, une ouverture à peu près circulaire, qui va se rétrécissant de plus en plus pour chacune des trois suivantes; les voix de cette seconde série peuvent donc être dites *labiales*.

Outre les organes que nous venons de signaler comme pouvant servir à caractériser les différentes voix, il en est d'autres qui contribuent à leur formation; citons surtout le gosier, dont les parois entrent toujours plus ou moins en vibration sur le passage de l'air sonore, et qui, en se contractant ou se dilatant, donne lieu, dans la prononciation de certaines voix, à des nuances qui constituent le son grave et le son aigu, nuances dont nous parlerons tout à l'heure.

Les deux dernières voix de chaque série, c'est-à-dire les deux palato-linguales *é*, *i*, et les deux labiales *u*, *ou*, ne peuvent se prononcer chacune que d'une seule manière; mais les autres, c'est-à-dire les deux palato-linguales *a*, *è*, et les deux labiales *o*, *eu*, sont susceptibles de diverses modifications. D'abord, on peut, ou bien les prononcer entièrement avec la bouche, ou bien, au moyen d'une communication qui existe entre la bouche et le nez, faire passer par le nez une partie de l'air sonore qui sert à leur formation; c'est ce qu'on exprime en disant que ces voix peuvent être *orales* ou *nasales*. La voix *a* est orale dans la première syllabe du mot *avant*, et nasale dans la dernière; la voix *è* est orale dans la première syllabe du mot *examen*, et nasale dans la dernière; la voix *o* est orale dans la première syllabe du mot *oraison*, et nasale dans la dernière; la voix *eu* est orale dans les mot *jeune*, et nasale dans *à jeun*.

Les quatre voix variables ne sont pas seulement susceptibles d'être orales ou nasales; mais, en outre, lorsqu'elles sont orales, elles peuvent être *graves* ou *aiguës*. Les exemples suivants montreront suffisamment ce qu'il faut entendre par le son grave et le son aigu de chacune de ces voix (1).

(1) Voir aussi, à la fin du volume, l'Appendice n° III.

VOIX.	SON GRAVE.	SON AIGU.
A.	Pâte (pour faire du pain).	Patte (d'animal).
	Tâche (ouvrage à faire).	Tache (souillure).
È.	Tête.	L'agneau tette.
	Maître (1).	Mètre.
O.	Un hôte.	Une hotte.
	La beauté.	Le chat botté.
EU.	Trompeuse.	Trompeur.
	Un jour de jeûne.	Un jeune homme.

En prononçant une voix alternativement avec le son grave et avec le son aigu, il est aisé de remarquer que, par le fait de la disposition que sont obligés de prendre les organes vocaux, spécialement le gosier, pour la prononciation du son grave, cette prononciation exige un peu plus de temps que celle du son aigu; de là, l'usage assez général d'appeler respectivement *longues* et *brèves* les voix que nous avons appelées graves et aiguës. Mais les dénominations de longues et de brèves ont l'inconvénient de ne point indiquer les différences de son, qui pourtant sont ici le point principal, et de ne faire allusion qu'à la différence de durée, circonstance très-secondaire. On pourrait même être induit par ces dénominations à allonger une voix sans lui

(1) La voix *è* est ici représentée par *ai*, et, un peu plus bas, dans le mot *beauté*, la combinaison *eau* représente la voix *o*. Nous verrons plus tard, et d'ailleurs nos lecteurs savent parfaitement que, dans la langue française, il n'est guère de son qui ne puisse ainsi être représenté de plusieurs manières différentes. Ces différentes manières de représenter un même son, constituent ce qu'on nomme des *équivalents*.

donner le son grave, ce qui serait une faute choquante. Ne nous préoccupons donc point de la durée à donner aux voix; établissons, au contraire, comme règle générale, qu'*en français, il ne faut jamais allonger un son à dessein;* on doit seulement s'attacher à prononcer chacun d'eux bien distinctement, et alors, par un effet naturel du jeu des organes, il arrivera que, sans le vouloir, sans y penser, nous donnerons un peu plus de temps à ceux qui l'exigeront, et qu'au contraire nous passerons rapidement sur ceux dont la prononciation, ainsi que nous allons l'expliquer un peu plus bas, ne peut être correcte qu'à la condition d'être très-brève.

Les voix qui peuvent être graves et aiguës, sont en outre susceptibles d'un son qui n'est d'une manière bien décidée ni l'un ni l'autre, et que l'on appelle son *moyen*. Ainsi, dans *art*, *éclat*, *débat*, l'*a* n'est ni aigu comme dans *patte*, ni grave comme dans *pâte;* dans *père*, *je pèse*, l'*è* n'est ni aigu comme dans *trompette*, ni grave comme dans *tempête;* dans *mot*, *trop*, l'*o* n'est ni aigu comme dans *hotte*, ni grave comme dans *hôte;* enfin dans *peu*, *jeu*, le son *eu* n'est ni aigu comme dans *peur*, ni grave comme dans *jeûne*. Du reste, ce son moyen présente bien des nuances, de manière à se rapprocher plus ou moins, dans certains mots, du son grave, et, dans d'autres, du son aigu.

Les voix *é*, *i*, *u*, *ou*, ne sont point, avons-nous dit, susceptibles de la prononciation nasale, et cela, non pas par l'effet d'un caprice de l'usage, mais parce qu'il est physiquement impossible, lorsqu'on prononce ces voix, de faire passer par le nez une partie de l'air sonore, ce qu'il est aisé de vérifier par l'expérience. Il résulte aussi du mécanisme au moyen duquel nos organes produisent ces mêmes voix, qu'elles ne sont point susceptibles des nuances qui constituent le son grave et le son aigu ; elles sont donc complétement invariables.

Bien que les voix en question ne puissent pas être nasales, les lettres qui représentent deux d'entre elles, c'est-à-dire les voyelles *i* et *u*, se trouvent souvent dans des positions où, d'après les règles de la prononciation française, une voyelle représente une voix nasale (1) ; alors chacune d'elles représente la voix nasale qui se trouve la plus voisine dans la même série. Pour la voyelle *i*, si nous remontons la série des voix palato-linguales, la première que nous trouverons pouvant avoir le son nasal, ce sera la voix *è*; pour la voyelle *u*, cherchant de la même manière dans la série des voix labiales, nous trouverons la voix *eu*. En conséquence, les voyelles *i* et *u*, lorsque leur position exigera qu'elles représentent des voix nasales, représenteront, la première, la voix *è* nasale, la seconde, la voix *eu*. Or, comme, par une irrégularité de notre langue, la voyelle *e*, lorsqu'elle est nasale, représente le plus souvent la voix *a*, on est dans l'usage, pour indiquer la voix *è* nasale, d'employer la combinaison *in*, qui représente toujours cette dernière voix, plutôt que la combinaison *en*, qui le plus souvent n'est qu'un équivalent de *an*. Quant à la voix *eu* nasale, on l'indique par la combinaison *un*, qui re-

(1) En règle générale, une voyelle représente une voix nasale lorsqu'elle est suivie, dans la même syllabe, d'une *m* ou d'une *n*. Cette règle a de nombreuses exceptions, dont nous nous occuperons plus tard.

présente toujours cette nasale et qui se trouve dans un assez grand nombre de mots de notre langue, plutôt que par la combinaison *eun*, qui ne se trouve que dans la locution adverbiale *à jeun*. Ainsi, pour indiquer la voix *a* nasale, nous emploierons la combinaison *an*; pour la voix *é* nasale, la combinaison *in*; pour la voix *o* nasale, la combinaison *on*, et pour la voix *eu* nasale, la combinaison *un*.

En résumé, la langue française compte huit voix, dont quatre sont invariables, tandis que les quatre autres sont susceptibles d'être orales ou nasales, et, lorsqu'elles sont orales, d'avoir le son grave, moyen ou aigu. En tenant compte de toutes ces variations, nous trouverons en somme vingt sons, qu'indique le tableau suivant :

TABLEAU DES VOIX DE LA LANGUE FRANÇAISE.

VOIX		VOIX — ORALES. Graves.	Moyennes.	Aiguës.	NASALES.
PALATO-LINGUAL.	variables	â	a	a	an
		ê	è	è	in (voix È nasale)
	constantes		é		
			i		
LABIALES	variables	ô	o	o	on
		eû	eu	eu	un (voix EU nasale)
	constantes		u		
			ou		

Nous ferons sur ce tableau deux observations :

1° Pour indiquer les voix graves, nous avons employé des voyelles surmontées de l'accent circonflexe, parce qu'en effet, les voix graves sont assez généralement représentées ainsi. Ce n'est pourtant pas une règle absolue ; citons, par exemple, les mots *chose*, *j'ose*, *Joseph*, et en général tous ceux où l'*o* est suivi d'une *s* se prononçant *z* : dans ces mots, l'*o* a le son grave, quoiqu'il ne porte point l'accent circonflexe. Mais l'énumération des cas où des voyelles non surmontées de l'accent circonflexe représentent des voix graves nous entraînerait beaucoup trop loin, et n'est pas nécessaire ici.

2° Le tableau qui nous occupe comprend la voix *è*, correspondant à ce qu'on appelle ordinairement l'*è ouvert*, et la voix *é*, correspondant à l'*é fermé ;* dès lors, il est naturel qu'on nous demande si ce même tableau ne devrait pas contenir aussi l'*e muet*. Pour répondre à cette question, nous devons d'abord distinguer pour l'*e* muet trois cas différents : 1° Quelquefois, cet *e* ne se prononce en aucune manière, justifiant ainsi complément sa dénomination d'*e muet* ; 2° D'autres fois, il se prononce d'une manière très-peu sensible ; 3° D'autres fois enfin, il se prononce avec autant de force que toute autre voix. Ainsi l'*e* muet peut être ou nul, ou faible, ou fort ; or, quand il n'est pas nul, soit qu'il se prononce faiblement, soit qu'il se prononce avec force, il a toujours le son moyen de la voix *eu* ; par conséquent notre tableau, contenant la voix *eu*, contient par là même le son que représente l'*e* muet, lorsqu'il représente quelque chose.

Pour compléter la théorie de l'*e* muet, il reste à indiquer les cas où il doit être nul, faible ou fort. Cette question, il est vrai, supposant connu ce que nous avons à dire sur les articulations, devrait logiquement n'être traitée que plus tard; mais nous croyons utile d'en donner ici au moins la règle principale, qui peut être formulée ainsi : *On ne prononce un e muet que lorsque cela est nécessaire pour la prononciation des consonnes qui le précèdent, et on ne le prononce qu'avec le degré de force indispensable pour que ces consonnes soient distinctement articulées*. Expliquons cette règle en l'appliquant à quelques exemples : Dans les mots *vie*, *vue*, *il jouera*, *nous louerons*, et en général dans tous ceux où il est précédé d'une voyelle, l'*e* muet, d'après la règle précédente, ne doit se prononcer en aucune manière. Dans cette phrase : *Je fais autrement que vous*, l'*e* des syllables, *je*, *tre*, *que*, doit, au contraire, être prononcé avec force; sans quoi, il serait impossible d'articuler les consonnes qui le précèdent. Dans le mot *empereur*, l'*e* devra être prononcé d'une manière à peine sensible, le *p*, à cause de la liquide *r* qui vient après, n'exigeant pour se faire entendre que ce son extrêmement faible qui, ainsi que nous le verrons plus tard, s'intercale toujours entre deux articulations qui se suivent, comme par exemple entre le *p* et l'*r* dans *emprunt*. Dans le mot *devenue*, le premier *e* sera fort; le second, faible, et le troisième, nul; en sorte que l'on entendra à peu près *deuv'nu*. Enfin, dans ces phrases : *Je te le redemande. Il ne jouera que si je le prie de le faire*, on prononcera avec force certains *e*, d'autres très-faiblement, enfin, quelques-uns seront complétement nuls, et l'on fera entendre à peu près : *Jeu teul' reud'mand'. Il neu jou'ra queu si jeu l' pri' deu l' fair'.*

Du reste, sur ce point comme sur beaucoup d'autres, il y a des différences entre la prononciation d'une conversation familière, celle d'une lecture à haute voix, celle d'un discours public, etc. A mesure que le ton s'élève, on doit moins se permettre de supprimer dans la prononciation les *e* muets sur lesquels s'appuient des consonnes, et il faut toujours les prononcer dans la poésie, sans quoi les vers n'auraient plus la mesure voulue. Quant à l'*e* muet non précédé d'une consonne, comme dans *vie*, *amie*, *vue*, *émue*, etc., on le prononce en chantant, mais jamais hors de là. C'est sans doute par suite de l'habitude d'entendre prononcer ces *e* dans les vers chantés, ou peut-être pour ne pas s'être assez tenus en garde contre la tendance que l'on a naturellement à juger de la prononciation par l'orthographe, plutôt que de s'en rapporter uniquement à l'usage, constaté par l'oreille, que bien des auteurs supposent à l'*e* muet ainsi placé une certaine valeur dans la prononciation; en réalité, il est complétement nul.

Après ces détails sur la prononciation de l'*e* muet, on pourrait nous demander une règle pour déterminer les cas où l'*e* est muet. On trouvera cette règle avec toutes ses exceptions dans le *Livre de l'élève*, partie II, leçon XXI.

Nous venons de faire connaître toutes les voix simples; mais il y a en outre dans notre langue des *diphthongues*, ou voix doubles, composées chacune de deux des voix que nous avons énumérées. Les deux voix d'une diphthongue se prononcent successivement, mais l'on n'appuie que sur l'une d'elles, et l'on

2.

passe très-légèrement sur l'autre, de telle sorte que les deux soient formées sensiblement en un seul temps et par une seule émission de voix, et appartiennent à une même syllabe. Dans les diphthongues de la langue française, c'est toujours sur la seconde voix que l'on appuie, et l'on ne fait que glisser sur la première.

Si l'on combine deux à deux toutes les voix de notre langue, on remarquera que, dans quelques-unes de ces combinaisons, il est très-aisé de passer de la disposition prise par les organes vocaux pour former la première des deux voix, à celle qu'exige la formation de la seconde; tandis que, dans d'autres combinaisons, ce passage est difficile et exige trop de temps pour que les deux sons puissent être produits par une seule émission de voix. Qui ne voit, par exemple, combien il est plus facile de prononcer en diphthongues les combinaisons *ia*, *io*, *oua*, que *éa*, *ao*, *uo?* Sans entrer pour le moment dans de plus longues explications, constatons que, de toutes les voix, celle qui se lie le plus facilement à toute autre voix venant immédiatement après elle, c'est la voix *i*. Aussi avons-nous un grand nombre de diphthongues commençant par *i*, comme : *ia* (fiancé), *ié* (piéton), *iè* (bière), *ien* (bien), *ieu* (Dieu), *io* (fiole), *ion* (religion) etc. Nous avons en outre des diphthongues commençant par *u* ou par *ou*, comme *ui* (lui), *uin* (juin), *oua* (ouate), *oui* (oui ou non), *ouin* (tintouin). Mais nous n'avons aucune diphthongue qui ne commence par quelqu'une des trois voix qui viennent d'être indiquées, savoir, *i*, *u*, *ou* (1).

(1) La théorie des diphthongues ne pourra être exposée complétement qu'après que nous aurons traité des articulations. Voir, à la fin du volume, l'Appendice n° II.

Dans chacune des combinaisons orthographiques que nous venons de citer, les deux voix sont représentées séparément, en sorte qu'on peut, selon les cas, les prononcer soit en diphthongue, soit en deux syllabes distinctes. Il n'y a en français qu'une seule combinaison qui représente toujours une diphthongue; c'est la combinaison *oi*, qui équivaut, lorsqu'elle est orale, à *oua* (loi, foi, moi) et, lorsqu'elle est nasale, à *ouin* (moindre, pointe) (1).

Puisque nous parlons de *diphthongues nasales*, disons que ces diphthongues sont composées d'une voix orale et d'une voix nasale, se prononçant successivement dans une même syllabe. La disposition qu'il faut donner aux organes pour prononcer une voix nasale, exige trop de temps pour que deux voix de cette nature puissent se trouver dans une même syllabe et être formées par une seule émission de voix.

Il est superflu d'observer que, d'après les notions que nous avons données des diphthongues, nous ne considérons en aucune manière comme diphthongues les combinaisons de voyelles représentant des voix simples, par exemple : *au*, *eau*, *eu*, *ou*, etc. Ce sont des voix *polygrammes*, c'est-à-dire composées quant à la manière dont elles sont écrites, mais parfaitement simples quant à leur prononciation.

(1) Il va sans dire que, lorsque l'*i* porte un tréma, il ne se combine point avec l'*o*. On prononce alors successivement, non pas *ou* et *a*, mais *o* et *i*. Pour ce qui tient à la prononciation de la diphthongue *oi*, voir l'Appendice n° I.

Article II. — des articulations.

Avant de prononcer une voix quelconque, on peut disposer, soit les lèvres, soit d'autres organes vocaux, de telle sorte qu'ils opposent momentanément un obstacle au passage de l'air sonore ; puis, lorsque cet obstacle est écarté, la voix se fait entendre avec une sorte d'explosion, qui produit sur l'oreille des impressions diverses, suivant la nature et le mode d'action de l'organe qui avait mis obstacle à la sortie de l'air. C'est dans ces explosions diversement produites au moment où l'air sonore s'échappe pour faire entendre une voix, que consistent les différentes articulations.

D'après le peu que nous venons de dire, rien n'est plus aisé que de distinguer une voix d'une articulation. Une articulation est une espèce d'explosion par laquelle peut commencer une voix quelconque, en sorte qu'aucune articulation ne peut être produite sans une voix qui la suive immédiatement et qui lui serve comme d'appui ; tandis qu'au contraire, toute voix peut parfaitement être produite sans qu'aucune articulation la précède ou la suive. En outre, une voix peut être prolongée indéfiniment, ou du moins jusqu'à ce que les poumons n'aient plus d'air à expulser, et soient forcés d'en aspirer une nouvelle quantité ; une articulation, au contraire, est instantanée, elle n'affecte que la première vibration de la voix sur laquelle elle s'appuie, et elle cesse aussitôt (1).

(1) Lorsqu'on joue d'un instrument à vent, on peut, avant d'insuffler

Les articulations se distinguent les unes des autres principalement par l'organe qui contribue le plus à leur formation. D'après cela, on distingue des articulations *labiales*: *p*, *b*, *f*, *v*, *m*; des articulations *dentales*: *t*, *d*, *s*, *z*, *n*; des articulations *palatales*: *q*, *g* (gue), *ch*, *j*, *gn*; des articulations *linguales*: *l*, *r*, *ill*. Dans les articulations labiales, on arrête momentanément l'air sonore en joignant les lèvres; dans les dentales et les palatales, c'est proprement la langue, le plus mobile des organes vocaux, qui ferme le passage à l'air, en s'appuyant, dans le premier cas, contre les dents supérieures, dans le second, contre le palais. Quelques grammairiens donnent à ces dernières articulations le nom de *gutturales*, parce que, pour les former, la langue s'appuie contre une partie du palais très-voisine du gosier. Des articulations vraiment gutturales existent en allemand, en espagnol, en arabe et dans beaucoup d'autres langues; mais il n'y en pas en français. L'aspiration que quelques personnes font sentir en prononçant les mots qui commencent par une *h* aspirée, serait une véritable articulation gutturale; mais cette aspiration, dans la langue française, est une faute. La lettre qu'on appelle *h* aspi-

l'air qui doit produire une note, retenir un moment cet air, en fermant avec l'extrémité de la langue l'ouverture ménagée entre les lèvres; et, quand ensuite on retire subitement la langue, l'air sort avec plus de force, et les premières vibrations de la note qu'il forme produisent sur l'oreille une impression plus vive. Cette manière d'attaquer une note avec ce que les musiciens appellent un *coup de langue*, constitue une sorte d'*articulation*, dont l'effet est nécessairement instantané; tandis que la note elle-même, susceptible d'être prolongée autant que le permet la quantité d'air contenue dans les poumons, peut être assimilée à une voix.

rée doit avoir uniquement pour effet : 1° d'empêcher *l'élision*, qui consisterait à écrire *l'héros*, *l'haine*, comme on écrit *l'héroïsme*, *l'harmonie*; tandis que l'*h* aspirée oblige à écrire sans élision *le héros*, *la haine*, la prononciation étant, du reste, absolument la même que si on écrivait *le éros*, *la aine*; 2° d'empêcher la *liaison*, qui consiste à prononcer la consonne qui termine un mot avec la voyelle qui commence le mot suivant, comme dans *les amis*, *les hommes*, que l'on prononce comme s'il y avait *lè zamis*, *lè zommes*; tandis que l'*h* aspirée sépare complétement les deux mots, en sorte qu'on prononce *les héros*, *les haines*, comme s'il y avait *lè éros*, *lè aines;* 3° d'empêcher la *combinaison* de deux voyelles, absolument comme le ferait un tréma; ainsi, par exemple, dans les mots *ébahi*, *ahuri*, de faire prononcer séparément l'*a* et l'*i*, l'*a* et l'*u*, qui, sans l'interposition de l'*h*, se combineraient pour former, dans le premier cas, un équivalent de *è*, et dans le second, un équivalent de *o*. Voilà à quoi se réduit le rôle de ce que nous appelons l'*h aspirée*, dénomination trop consacrée par l'usage pour que nous puissions songer à la changer, mais dénomination inexacte et qui pourrait donner, sur la prononciation française, des idées très-fausses : c'est à cause de ce danger que nous avons tant insisté sur ce point. La dénomination d'*h* aspirée indiquerait-elle qu'autrefois l'aspiration existait en français, et que notre langue, en s'adoucissant peu à peu, s'est débarrassée de cet élément germanique? Cette explication est probable; mais ce qui est absolument certain, c'est qu'aujourd'ui l'*h* ne représente jamais aucune sorte d'aspiration, et on peut établir comme une règle qui n'admet pas une seule exception, que, *dans notre langue, l'aspiration n'existe pas.*

Les articulations que nous avons appelées linguales, *l*, *r*, *ill*, demandent quelques explications. L'articulation *l* se forme en appuyant légèrement l'extrémité de la langue contre le palais. Pour l'articulation *ill*, la langue s'appuie aussi contre le palais, mais avec plus de force et plus en avant, près de la racine des dents. Pour former la voix *i*, on appuie la langue à peu près au même endroit, mais moins fortement, de manière à laisser un passage à l'air; tandis que, quand on veut prononcer l'articulation *ill*, on commence par arrêter entièrement l'air, qui ne s'échappe que lorsqu'on écarte l'obstacle. Ainsi l'articulation *ill* diffère essentiellement de la voix *i;* néanmoins, à cause de la similitude de position de la langue dans la prononciation de l'une et de l'autre, il y a, dans l'impression que l'articulation *ill* produit sur l'oreille, un certain mélange du son *i*, ce qui explique la présence de la voyelle *i* dans toute combinaison qui en français représente l'articulation qui nous occupe (1). Entre le mécanisme par lequel se forme la voix *i*, et celui qui donne lieu à l'articulation *ill*, il y a une sorte d'intermédiaire, d'où résulte une espèce d'articulation très-faible, se rapprochant beaucoup d'un *i* qui formerait la

(1) Le mécanisme qui donne lieu à l'articulation *gn*, se rapproche aussi de celui par lequel se forme la voix *i*; d'où il résulte que, dans la prononciation de cette articulation, il y a quelque mélange du son *i*. C'est ce que constatait notre ancienne orthographe, en écrivant *montaigne*, *campaigne*, *gaigner*, les mots que nous écrivons aujourd'hui *montagne*, *campagne*, *gagner*.

première partie d'une diphthongue. C'est cette demi-articulation que bien des personnes substituent à l'articulation *ill*, en prononçant, par exemple, *baillonne* à peu près comme *Bayonne*, et *ill* dans *défaillance* comme *i* dans *faïence* (1).

L'articulation *r* a un caractère tout exceptionnel : pour la prononcer, on ne commence pas par empêcher la sortie de l'air sonore, mais la langue se met à vibrer sur le passage de cet air (2). L'*r* très-radoucie, comme celle qui se trouve entre deux voyelles, ne consiste guère qu'en une seule de ces oscillations; mais, quand on veut prononcer avec force une double *r*, on fait exécuter à la langue une série d'oscillations, qui produisent une sorte de roulement.

Les articulations *l* et *r* sont appelées liquides, à cause de la facilité avec laquelle elles s'unissent aux autres articulations, formant avec elles des espèces de diphthongues-consonnes, comme *bl*, *pl*, *fl*, *gl*, *br*, *pr*, *fr*, *vr*, *tr*, *dr*, etc. La troisième linguale, c'est-à-dire l'articulation *ill*, ne peut point au contraire s'unir aux autres articulations, à cause de la position qu'il faut donner à la langue pour la prononcer, et du temps qu'exige cette prononciation. On n'a donc point pu la ranger parmi les liquides; mais, sans doute à cause des rapports qu'elle a avec la liquide *l*, on la désigne par la dénomination de *mouillée*.

(1) Voir, à la fin du volume, l'Appendice n° II.

(2) Bien des personnes, au lieu de faire vibrer les parties antérieure et moyenne de la langue, en font vibrer la partie voisine du gosier, ce qui met en vibrations les parois du gosier lui-même. Cette prononciation gutturale de l'*r*, lorsqu'elle est trop forte, s'appelle *grasseyement*.

Ce n'est pas seulement par les organes qui les produisent que les articulations se distinguent les unes des autres; c'est aussi par la manière dont ces organes fonctionnent. Les différences dans le mode d'action des organes donnent lieu, dans trois classes d'articulations, savoir dans les labiales : *p*, *b*, *f*, *v*, *m;* dans les dentales : *t*, *d*, *s*, *z*, *n*, et dans les palatales : *q*, *g* (gue), *ch*, *j*, *gn*, à des divisions et subdivisions que nous avons maintenant à faire connaître. Il suffira pour cela d'un petit nombre d'observations.

1° Lorsqu'on dispose les organes vocaux pour former une articulation de l'une quelconque des trois classes que nous venons de signaler, on peut, ou bien intercepter entièrement le passage à l'air, en sorte qu'avant l'explosion qui constitue l'articulation, l'oreille ne reçoive aucune sorte d'impression; ou bien laisser échapper une certaine quantité d'air, trop faible pour former un son, mais suffisante pour faire entendre une sorte de sifflement : dans le premier cas, les articulations sont dites *muettes*; dans le second, on les appelle *sifflantes*. Ainsi, les labiales *p* et *b*, les dentales *t* et *d*, les palatales, *q* et *g* (gue), sont muettes; les labiales *f* et *v*, les dentales *s* et *z*, les palatales *ch* et *j*, sont sifflantes.

2° En formant les articulations des trois classes en question, on peut, ou bien opposer à la sortie de l'air sonore une résistance énergique, qui donne lieu à une forte explosion, ou, au contraire, faire céder l'obstacle au premier effort, ce qui ne donne lieu qu'à une explosion peu marquée; de là la distinction de *fortes* et de *douces*, tant parmi les sifflantes que parmi les muettes des trois classes qui nous occupent. Les fortes sont : parmi les muettes, *p*, *t*, *q*, parmi les sifflantes, *f*, *s*, *ch*; les douces sont : parmi les muettes; *b*, *d*, *g* (gue); parmi les sifflantes, *v*, *z*, *j*.

3° De même qu'on peut faire sortir par le nez une partie de l'air sonore qui sert à former certaines voix, de même aussi, lorsqu'on se dispose à former une articulation, et que pour cela on intercepte momentanément le passage à l'air par la bouche, on peut en laisser échapper une petite partie par le nez, d'où résulte une sorte de retentissement nasal, qui précède l'articulation et qui l'annonce. Ainsi se forment les trois articulations nasales, *m*, *n*, *gn*, appartenant, la première à la classe des labiales, la seconde à celle des dentales, la troisième à celle des palatales. Il n'est personne qui ne voie le rapport qui existe entre la prononciation des articulations nasales et celle des voix nasales, et qui, par conséquent, ne comprenne pourquoi il y a une consonne nasale dans toute combinaison de lettres affectée à représenter une voix nasale.

4° Les articulations nasales ne sont point susceptibles des différences qui distinguent les articulations fortes des articulations douces; quant aux linguales, elles n'admettent, ni la distinction de fortes et de douces, ni les modifications qui, dans les trois autres classes, caractérisent les articulations nasales. Tout cela peut être vérifié par l'expérience, et trouverait aisément son explication dans le mode d'action des organes vocaux, si la nature de notre ouvrage pouvait admettre ces considérations trop purement spéculatives.

Tout ce qui concerne la classification des articulations peut être résumé dans le tableau suivant :

TABLEAU DES ARTICULATIONS DE LA LANGUE FRANÇAISE.

	MUETTES		SIFFLANTES		Nasales.	Liquid.	Mouill.
	fortes.	douces.	fortes.	douces.			
Labiales. . .	p	b	f	v	m		
Dentales. . .	t	d	s	z	n		
Palatales. . .	q	g (gue)	ch	j	gn		
Linguales. . .	. . .	. . .	. . .	. . .	. . .	l r	ill

On ne sera pas surpris de ne rien trouver dans ce tableau qui rappelle la consonne *x*, cette consonne représentant, non point une articulation spéciale, mais l'ensemble de deux articulations, représentées, chacune séparément, par d'autres lettres. Ces articulations sont, dans certains cas, *q* et *s*; dans d'autres, *g* et *z*, articulations qui toutes se trouvent dans le tableau ci-dessus, à leurs places respectives.

Il nous reste à faire sur les articulations une dernière observation. D'après ce principe fondamental qu'*une articulation ne peut se faire entendre sans être suivie d'une voix indiquée ou non dans l'orthographe, et prononcée avec ou sans intention*, les articulations qui terminent des syllabes ou même des mots, comme dans *Abner*, *Edgar*, *actif*, *pasteur*, etc., ne peuvent se prononcer qu'au moyen d'une voix qu'on ajoute par un effet naturel et involontaire du jeu des organes, et l'observation nous apprend que cette voix est invariablement le son *eu* moyen. Ce son se produit même, quoique très-faiblement, entre les vibrations du *r* prolongé, vibrations qui, étant de petites articulations, ne peuvent exister sans s'appuyer sur une voix. Ajoutons que l'on fait entendre cette même voix *eu* toutes les fois que, sans avoir l'intention de produire aucun son, laissant par conséquent les organes vocaux dans leur position naturelle, et se contentant d'entr'ouvrir la bouche pour laisser passer l'air, on expulse cet air avec assez de force pour qu'il entre en vibration et devienne sonore ; ce qui arrive, par exemple, quand on respire avec effort et quand on tousse.

Cela posé, voici comment les choses se passent lorsqu'on prononce une syllabe se terminant par une articulation. Dès que la voix qui précède l'articulation a été prononcée, les organes, se disposant pour former l'articulation, arrêtent un instant l'air sonore, et, aussitôt après, lui ouvrent de nouveau le passage; alors on entend l'articulation, avec le son *eu*, prononcé seulement autant qu'il est nécessaire pour que l'articulation puisse agir sur l'oreille. Mais, comme tout cela, sans compter l'articulation qui le plus souvent précède la voix principale, doit se faire en un seul temps et sensiblement par une seule émission de voix, il est indispensable que tout s'exécute avec une extrême apidité; de là cette règle sans exception possible : ***Toute voix suivie, dans la même syllabe, d'une articulation prononcée, est très-brève, et, par là même, très-aiguë, s'il s'agit d'une voix variable.***

Mais qu'arrive-t-il lorsqu'une syllabe renferme deux articulations successives, comme dans les mots ***bleu***,

br*ave*, **pl***ace*, **pr***ince*, *dire***ct**, ou même trois comme dans **spl***endide*, **strict**, etc.? Alors, le son *eu* s'intercale toujours entre les articulations successives, sans qu'on le veuille et sans qu'on y pense. Pour remplacer ce son par un autre quelconque, il faudrait employer un certain temps à donner aux organes la disposition voulue et, dès lors, il y aurait autant d'émissions de voix et par conséquent de syllabes distinctes, que de voix ainsi intercalées. Mais, la formation de la voix *eu* moyenne n'exigeant pas d'autre disposition des organes vocaux que celle qu'ils prennent tout naturellement lorsqu'on les abandonne à eux-mêmes, l'intercalation de cette voix entre deux articulations successives, se fait avec une si grande rapidité, que l'on peut prononcer par une seule émission de voix des syllabes renfermant plusieurs fois la voix en question, indépendamment de la voix principale de la syllabe. Ainsi, dans le mot *strict*, en outre de la voix *i*, élément principal de la syllabe, on entend quatre fois le son *eu*, savoir : entre l'*s* et le *t*, entre le *t* et l'*r*, entre le *c* et le second *t*, enfin après cette dernière consonne; ce qui n'empêche pas que le mot se prononce sensiblement par une seule émission de voix.

Remarquons toutefois que, dans ce mot et en général dans tous ceux qui commencent par une *s* suivie d'une autre consonne, on n'articule pas complétement l'*s*, mais qu'on se contente de faire entendre le sifflement qui, ainsi que nous l'avons dit plus haut, précède et annonce toujours cette articulation. Or ce sifflement, non-seulement exige moins de temps qu'une articulation proprement dite, mais encore se lie beaucoup plus facilement à toutes les autres articulations. Ainsi s'expliquent ces deux faits : 1° Qu'on peut former des diphthongues-consonnes en mettant après une *s* une autre articulation quelconque; 2° que les assemblages de lettres qui peuvent être appelés triphthongues-consonnes, commencent toujours par une *s*.

Ici se termine notre inventaire raisonné de la langue parlée, inventaire dressé, non avec des livres, mais au moyen de l'observation attentive de la langue elle-même. Nous n'avons pas, il est vrai, négligé de lire les grammaires et les autres ouvrages qui traitent de la prononciation; mais ces ouvrages confondent trop souvent ce qui a rapport à la langue écrite avec ce qui tient à la langue parlée, et généralement leurs auteurs semblent ne s'être pas assez pénétrés de ce principe, qu'en fait de prononciation, il ne s'agit pas de raisonner d'après l'orthographe, mais de constater l'usage, en prenant pour guide l'oreille. Si quelques-uns ont compris ce principe et se sont mis sérieusement en devoir de l'appliquer, leur travail malheureusement a eu souvent pour résultat de noter, non pas l'usage véritable, celui qui fait loi, mais l'usage de telle ou telle province, rien n'étant plus difficile, dans une entreprise de ce genre, que de ne pas subir l'influence d'habitudes contractées dès l'enfance. « Lorsque je lus la grammaire du P. Buffier, dit Duclos, j'ignorais qu'il fût Normand; je m'en aperçus dès la première page. » D'Olivet, auteur d'un travail capital sur la prononciation française, n'a pas su non plus se tenir assez en garde contre les réminiscences de l'accent de sa province, et on peut en dire autant de Du

Marsais et de plusieurs autres grammairiens, d'ailleurs justement estimés.

Quel est donc l'usage qui fait loi, et dont la constatation doit être le principal objet de tout traité de prononciation ? Dans un pays comme la France, où la vie intellectuelle est si fortement concentrée dans la capitale, c'est là évidemment qu'il faut chercher cet usage régulateur, et il est superflu d'ajouter que la partie de la population de la capitale qu'il faut pour cela observer et consulter, c'est la partie la plus distinguée par sa position, son éducation, ses habitudes, celle en un mot qui constitue ce qu'on appelle la bonne compagnie. Ainsi l'usage de la bonne compagnie de la capitale, voilà l'unique loi en fait de prononciation. L'Académie française elle-même n'a ici, à proprement parler, aucun pouvoir ; son rôle se réduit à constater l'usage, et l'autorité dont elle jouit à si juste titre, tient à ce qu'on sait qu'elle se trouve pour cette constatation dans les conditions les plus favorables, et qu'elle ne procède qu'avec la plus grande circonspection. Malheureusement l'Académie se borne à indiquer dans son Dictionnaire la prononciation de quelques mots isolés, et il n'est point entré dans son plan d'exposer le système de la prononciation française. Tout en regrettant de ne pouvoir présenter sur un sujet de cette importance que le résultat de nos propres observations, nous osons du moins affirmer que notre travail a été fait avec tant de soin et soumis à tant de vérifications, qu'il nous semble difficile qu'aucune inexactitude ait pu s'y glisser, du moins aucune inexactitude de quelque importance.

CHAPITRE II.

Examen des principales questions relatives à l'enseignement de la lecture.

Tout ce qu'il y a d'essentiel à dire sur l'enseignement de la lecture, peut être ramené à deux questions : *l'appellation* des lettres et *l'épellation* des syllabes. Nous allons les étudier l'une après l'autre.

Article Ier. — Appellation des lettres.

Afin d'exposer plus clairement ce qui a rapport à l'appellation des lettres, nous croyons utile de commencer par une courte digression.

Dans plusieurs anciennes langues, les lettres furent originairement des *hiéroglyphes*, c'est-à-dire des représentations d'objets matériels, destinées à réveiller l'idée, soit de ces objets eux-mêmes, soit de choses dont ces objets étaient des signes ou des symboles; comme, par exemple, quand, pour exprimer l'idée de courage, on dessinait un lion, pour indiquer la rapidité, un épervier, etc. Plus tard, chaque hiéroglyphe fut employé pour désigner seulement le son initial du mot qui exprimait l'objet représenté, et on passa ainsi de l'écriture dite *idéographique*, parce qu'elle exprimait directement les idées, à l'écriture dite *phonétique*, d'un mot grec qui signifie *son*, laquelle n'indique à proprement parler, que des sons, et ne représente les idées qu'indirectement, les sons qu'elle désigne composant des mots et ceux-ci exprimant des idées. De cette manière, les hiéroglyphes se trouvèrent devenus des *lettres*, c'est-à-dire des signes de convention destinés à représenter les éléments de la langue parlée. Dans cette transformation, l'exactitude représentative perdant toute importance, tandis qu'au contraire la facilité et la rapidité d'exécution en acquéraient beaucoup, les hiéroglyphes allèrent se déformant et se simplifiant de telle sorte, que les lettres n'en conservèrent plus que des traces à peine reconnaissables; néanmoins on continua à désigner chacune d'elles par le nom de l'objet qu'elle avait d'abord représenté. Ainsi, par exemple, dans la langue hébraïque, un hiéroglyphe représentant une maison, devint plus tard une lettre désignant l'articulationa *b*, initiale du mot *beth*, qui en hébreu signifie *maison*; et cette lettre continua à être appelé *beth*. Il résulta de là que chaque caractère eut un nom indiquant moins la valeur phonique de la lettre, qu'il ne rappelait le sujet de l'hiéroglyphe d'où cette lettre était dérivée.

Les Phéniciens importèrent en Grèce leur alphabet, qui était à très-peu près le même que celui des Hébreux, et, malgré tous les changements survenus, on reconnaît aisément dans la plupart des lettres grecques les formes des lettres hébraïques. Quant aux dénominations, elles varièrent à peine : de *beth*, on fit *bêta*, de *daleth*, *delta*, de *iod*, *iota*, etc. Il y eut même telle lettre, comme le *tau*, qui porta le même nom dans les deux alphabets.

L'alphabet latin, qui est devenu le nôtre et celui d'un grand nombre d'autres nations, rappelle encore les formes des lettres grecques et hébraïques; mais les Romains et, avant eux, sans doute, les anciens peuples du Latium, désignèrent les lettres par des noms qui ne rappelaient plus les hiéroglyphes, et qui n'avaient pour objet que d'indiquer la valeur phonique de chaque caractère. Pour les voyelles, ces noms avaient été très-aisés à trouver, puisque chacun d'eux n'était autre chose que le son même représenté par la voyelle. Pour les consonnes, la difficulté était plus grande, l'articulation qu'une consonne représente ne pouvant être prononcée si l'on n'y joint une voix. On fut donc obligé d'adopter pour les consonnes des noms dans lesquels, outre l'articulation indiquant la valeur de la consonne, se trouvait toujours au moins un son entièrement étranger à cette consonne.

Les noms latins des lettres sont à très-peu près ceux que nous employons encore aujourd'hui, lorsque nous nommons les lettres en dehors de l'enseignement de la lecture, et qu'emploient même dans cet enseignement, les personnes qui, par habitude ou pour toute autre cause, ont conservé *l'ancienne appellation*. L'inconvénient de cette appellation, c'est la présence, dans les noms des consonnes, de sons que ces consonnes ne représentent point, et cet inconvénient ne saurait être entièrement écarté ; mais il pouvait être atténué, et c'est ce qu'a fait la *nouvelle appellation*, proposée pour la première fois dans les termes suivants, par la *Grammaire générale* de *Port-Royal* : « Il est certain que ce n'est pas une grande peine à ceux qui commencent que de connaître simplement les lettres; mais que la plus grande est de les assembler. Or, ce qui rend maintenant cela plus difficile, est que, chaque lettre ayant son nom, on la prononce seule autrement qu'en l'assemblant avec d'autres. Par exemple, si l'on fait assembler *fry* à un enfant, on lui fait prononcer : *ef*, *er*, *y grec;* ce qui le brouille infailliblement, lorsqu'il veut ensuite joindre ces trois sons ensemble, pour en faire le son de la syllabe *fry*. Il semble donc que la voie la plus naturelle serait que ceux qui montrent à lire n'apprissent d'abord aux enfants à connaître les voyelles que par le nom de leur prononciation..... Qu'on ne leur nommât aussi les consonnes que par leur son naturel, en y ajoutant seulement l'*e* muet, qui est nécessaire pour les prononcer; par exemple, qu'on donnât pour nom à *b*, ce qu'on prononce dans la dernière syllabe de *tombe;* à *d*, la dernière syllabe de *ronde*... Voilà les plus générales observations de cette nouvelle méthode d'apprendre à lire, qui serait certainement très-utile aux enfants(1).»

Le système d'appellation esquissé dans ces quelques lignes se résume en ces deux points : 1° Donner pour nom à chaque voyelle la voix qu'elle représente; 2° donner pour nom à chaque consonne l'articulation qu'elle représente, et, afin de pouvoir prononcer cette articulation, l'appuyer sur l'*e* muet, c'est-à-dire sur la voix *eu* moyenne. Le premier de ces deux points ne peut donner lieu à aucune objection sérieuse; quant au second, il a été à peu près universellement adopté en théorie, et, si dans la pratique bien des gens continuent d'employer l'ancienne appellation, c'est généralement par pure habitude plutôt que par préférence systéma-

(1) Grammaire générale de Port-Royal, chapitre VI.

tique. Il est pourtant quelques personnes qui ont défendu l'ancienne appellation, et leurs arguments ont été présentés avec d'assez grands développements dans le *Journal des Instituteurs* (année 1858). Voici, en mettant de côté tout détail inutile, ce qu'il y a d'essentiel à dire sur cette question.

Au point de vue de l'ancienne appellation, les consonnes peuvent être divisées en trois catégories, savoir : 1° les consonnes que l'on fait suivre du son *é;* ce sont *b*, *c*, *d*, *g*, *p*, *t*, *v*, que l'on nomme *bé*, *cé*, *dé*, *gé*, *pé*, *té*, *vé;* 2° celles que l'on fait précéder du son *è;* ces consonnes sont *f*, *l*, *m*, *n*, *r*, *s*, que l'on nomme *èfe*, *èle*, *ème*, *ène*, *ère*, *esse*, dénominations que l'on peut représenter plus simplement par les syllabes inverses *ef*, *el*, *em*, (*e* non nasal), *en* (*e* non nasal), *er*, *ès;* 3° celles dont les dénominations peuvent être appelées irrégulières, savoir : *h*, *j*, *k*, *q*, *x*, *z*, que l'on appelle *ache*, *ji*, *ka*, *qû*, *ixe*, *zède*, ou *zed*. Les défenseurs de l'ancienne appellation reconnaissent que, pour ce qui concerne ces dernières consonnes, elle est défectueuse; occupons-nous donc seulement des consonnes appartenant aux deux premières catégories, et considérons-les successivement : 1° dans les syllabes où elles ne sont pas immédiatement suivies de voyelles; 2° dans les syllabes où elles sont immédiatement suivies de voyelles.

1° Toute consonne qui n'est pas immédiatement suivie d'une voyelle, soit qu'elle termine un mot, comme l'*r* de *car*, ou qu'elle soit seulement finale d'une syllabe, comme l'*r* de *carte*, ou enfin qu'elle soit suivie d'une autre consonne dans la même syllabe, comme l'*r* de *mars*, s'articule au moyen de la voix *eu* très-faible.

qu'on lui donne invariablement pour appui. Ainsi, dans toute syllabe où une consonne n'est pas suivie d'une voyelle, et ces syllabes se présentent très-fréquemment, on l'articule en prononçant le nom par lequel la désigne la nouvelle appellation; avec cette seule différence que, lorsqu'on nomme une consonne isolée, on est obligé de prononcer avec plus de force le son *eu* qui lui sert d'appui, tandis que, pour articuler une consonne précédée d'une voyelle, sur laquelle porte le principal effort de la voix, on n'a besoin de prononcer le son *eu* que d'une manière très-légère. Or, cette simple différence du plus au moins dans la force avec laquelle se prononce le son *eu*, peut être regardée comme insignifiante, si on la compare à la différence qui existe entre la manière dont on articule les consonnes dans les syllabes qui nous occupent, c'est-à-dire en les appuyant sur la voix *eu* faible, et la manière dont les nomme l'ancienne appellation, c'est-à-dire en les appuyant sur un *é* fermé, comme cela a lieu pour *b*, *d*, etc., ou bien en les faisant précéder d'un *è* ouvert, comme cela a lieu pour *f*, *r*, etc. Ainsi la nouvelle appellation donne, sauf une très-légère nuance, la prononciation usuelle des consonnes non suivies de voyelles, tandis que l'ancienne appellation introduit dans les noms des consonnes, des sons qu'il faut supprimer dans la lecture. Il est vrai que, dans les dénominations *ef*, *el*, *em*, *en*, *er*, *es*, le son *eu* qui suit la consonne n'a exactement que le degré de force qu'il doit conserver dans la prononciation usuelle des consonnes non suivies de voyelles; mais ce léger avantage est loin de compenser l'inconvénient que présente dans ces dénominations la présence d'un *è* ouvert, qu'il faut supprimer dans la lecture. Concluons que, pour ce qui tient aux consonnes non suivies de voyelles, la supériorité de la nouvelle appellation sur l'ancienne est hors de toute contestation, même en ne considérant l'ancienne appellation que dans les consonnes dont les noms présentent le plus de régularité.

2° Lorsqu'une consonne est immédiatement suivie d'une voyelle, l'articulation représentée par la consonne doit s'appuyer directement sur le son représenté par la voyelle, sans qu'il soit possible d'interposer en aucune manière le son *eu*, qui, dans la nouvelle appellation, termine le nom de chaque consonne. Ainsi, la nouvelle appellation a l'inconvénient d'employer, dans le nom de chaque consonne, un son que, dans un grand nombre de cas, on doit supprimer en lisant. L'ancienne appellation présente le même inconvénient en ce qui concerne les sept consonnes dont les noms se terminent par *é*. On peut même dire que l'inconvénient est ici plus grave, parce que, le son *eu* étant susceptible de nuances de plus en plus faibles, jusqu'au point de devenir à peine perceptible, l'élision de ce son a quelque chose de plus aisé à concevoir que celle du son *é*, dont la prononciation est toujours nette et distincte. En ce qui concerne les sept consonnes dont les noms commencent par un *è* ouvert, l'ancienne appellation a l'avantage de ne mettre à la fin des noms de ces consonnes qu'un son *eu* extrêmement faible, dont par conséquent, l'élision se fait assez naturellement; mais cet avantage est compensé par l'inconvénient d'avoir à supprimer l'*è* ouvert que l'ancienne appellation ajoute au commencement des noms de ces consonnes. De tout cela, nous devons conclure que, pour les consonnes immédiatement suivies de voyelles, la supériorité de la nouvelle appellation, quoique moins marquée que lorsqu'il s'agit de consonnes non suivies de voyelles, est néanmoins réelle.

Hâtons-nous d'ajouter que, la question de l'appellation étant intimement liée à celle de l'épellation, ce qui concerne la première de ces deux questions a besoin d'être éclairé et complété par ce qui se rattache à la seconde.

Article II. — Épellation des syllabes.

Le plus souvent, une syllabe se compose de plusieurs lettres, et nous avons à chercher comment un enfant qui sait les noms des lettres dont une syllabe est formée, arrivera à connaître la valeur totale de la syllabe. Dans ce point gît la grande difficulté de l'enseignement de la lecture, et, si nous consultons tous les ouvrages de quelque valeur qui ont paru sur cet enseignement, nous les trouverons unanimes à reconnaître que ce passage de la connaissance des lettres à celle des syllabes, est pour l'enfant un pas immense à faire, une sorte d'abîme à franchir.

Le moyen qui se présente naturellement à l'esprit, c'est de chercher à déduire des noms des lettres qui forment une syllabe, la valeur totale de la syllabe, et ce moyen constitue ce qu'on nomme l'*épellation*. L'épellation est donc une analyse ou décomposition, immédiatement suivie d'une synthèse ou recomposition ; l'analyse faisant connaître la valeur des différentes parties dont la syllabe est formée, et la synthèse consistant à déduire de la valeur des parties la valeur de l'ensemble.

Mais, quelque naturelle et quelque rationnelle que soit cette manière de procéder, les difficultés qu'on a rencontrées dans l'application ont amené de très-bons esprits à proposer la suppression de toute épellation, en sorte que l'enfant, dès qu'il connaît ses lettres, soit exercé à lire immédiatement les syllabes, sans les décomposer en aucune sorte. Seulement, les auteurs qui ont préconisé cette manière d'enseigner la lecture, ont fortement recommandé d'employer pour cela un choix de syllabes parfaitement méthodique, dans lequel l'enfant aille par degrés presque insensibles du simple au composé, du facile au difficile, et, dans les méthodes de lecture qui ont été publiées pour servir à l'enseignement sans épellation, on a fait des efforts, sinon toujours heureux, du moins sérieux, pour remplir cette condition. Or, comme la lecture était, auparavant, enseignée par un procédé d'épellation très-défectueux, que nous ferons connaître tout à l'heure, et au moyen de syllabaires dans lesquels on n'apercevait aucune trace de méthode ni d'ordre quelconque, l'adoption du nouvel enseignement fut une incontestable amélioration, parce qu'on abandonnait un procédé d'épellation qui était un grand obstacle au progrès, et des syllabaires où l'enfant marchait dans les ténèbres et le chaos.

Ainsi, la non-épellation dut surtout la faveur avec laquelle elle fut accueillie aux défauts de l'enseignement qu'elle remplaçait; mais, si nous la considérons en elle-même, nous serons forcés de reconnaître qu'elle est loin d'être satisfaisante. D'abord, puisque l'analyse, c'est-à-dire l'étude des détails, préparant et conduisant à la connaissance de l'ensemble, est en toutes choses le procédé le plus fécond, le plus sûr, le plus logique, n'est-il pas regrettable que, dans le premier enseignement qu'ils reçoivent, les enfants s'accoutument à une marche toute différente, faisant directement de la synthèse sans passer par l'analyse, ce qui revient à affirmer sans raisonner? Un homme qui fait autorité en pédagogie a très-bien dit: « Si nous n'employons que des procédés logiques dans le premier enseignement, nous donnerons à l'esprit des enfants des habitudes logiques, dont ils se serviront avec avantage dans le cours de leurs études et dans toutes les circonstances de la vie. » Or, encore une fois, ce n'est pas là ce qu'on fait quand on accoutume les enfants à prononcer une syllabe plus ou moins complexe, sans en avoir d'abord cherché la valeur dans l'examen des parties élémentaires dont cette syllabe est formée, et desquelles sa valeur dépend.

On dira que la méthode sans épellation s'adresse, non pas au raisonnement mais à la mémoire, qui est chez les enfants la faculté dominante. Nul doute qu'en effet la mémoire, chez les enfants, ne soit la principale faculté, et ne doive être mise en jeu plus que les autres; mais il ne faut pas aller jusqu'à ne tenir aucun compte des autres, surtout du raisonnement, qui acquiert de bonne heure, non pas un grande étendue (1), mais une remarquable justesse. Or, la méthode sans épellation s'adresse à la mémoire seule dans une multitude de cas que l'analyse résoudrait avec la plus grande facilité, ce qui, en exerçant utilement le raisonnement, rendrait le travail bien plus aisé et les résultats bien plus sûrs. Car, quoi qu'on puisse dire de la puissance de la mémoire chez les enfants, si l'on veut obliger cette faculté à retenir les valeurs phoniques d'une multitude par trop grande d'assemblages de lettres, ce sera un travail long et pénible, et l'enfant, en présence de tant de petits détails qui ne disent rien à son intelligence, sera sans cesse exposé à confondre ; tandis qu'au moyen d'un nombre assez restreint de faits élémentaires, que sa mémoire retiendrait facilement, et que l'analyse lui ferait retrouver dans les faits plus complexes, il arriverait sans effort et sans danger d'erreur à se rendre compte de ces autres faits.

Il y a plus : l'emploi de l'analyse, dans l'ordre de faits qui nous occupe, est si naturel, que souvent l'enfant y a recours, sans se rendre compte de ce qu'il

(1) On peut même dire que ce qui manque d'étendue chez les enfants, c'est moins le raisonnement lui-même que le champ dans lequel il s'exerce. En effet, le raisonnement ne peut s'appliquer qu'à des choses connues et comprises ; or l'enfant possède encore peu d'idées, connaît peu de faits, et ne comprend aucune des choses qui tiennent à l'expérience de la vie ; par conséquent, la sphère d'action du raisonnement est pour lui extrêmement rétrécie. La mémoire, au contraire, n'a pas absolument besoin que les objets sur lesquels elle s'exerce soient compris par l'intelligence ; par conséquent, sa sphère d'action, surtout chez les enfants, est incomparablement plus étendue.

fait. En présence d'une syllabe complexe dont la valeur ne se présente pas sur-le-champ à sa mémoire, sa pensée se reporte comme instinctivement sur les valeurs qu'auraient isolément les parties élémentaires dont cette syllabe est formée. C'est là une véritable analyse, une sorte d'épellation mentale; mais, faisant cette opération sans y être préparé par l'enseignement qu'il reçoit, il ne peut la faire que très-imparfaitement. Pourquoi donc ne pas initier franchement les enfants à l'analyse des syllabes, en faveur de laquelle militent de si puissantes raisons? En d'autres termes, pourquoi adopter la non-épellation? Nous l'avons dit plus haut, c'est à cause des graves difficultés pratiques que l'épellation présente. Dans l'examen que nous allons faire des deux procédés d'épellation généralement employés, nous verrons quelles sont ces difficultés, et nous exposerons ensuite un troisième procédé, au moyen duquel ces difficultés nous semblent complétement écartées.

Les deux procédés d'épellation en usage aujourd'hui, sont: 1° l'épellation *par lettres*, dite *ancienne* épellation; 2° l'épellation par *les deux éléments* de la syllabe, savoir: l'élément consonne et l'élément voyelle; c'est ce qu'on appelle la *nouvelle* épellation.

L'épellation par lettres consiste, ainsi que son nom l'indique, à nommer toutes les lettres dont une syllabe est composée, avant d'énoncer la syllabe elle-même. Assez généralement, les personnes qui emploient ce procédé d'épellation emploient aussi, pour nommer les lettres, l'appellation ancienne; mais il n'y a entre ces deux choses aucune corrélation nécessaire, et on peut fort bien, avec l'épellation ancienne, se servir de la nouvelle appellation des lettres. Il est même à remarquer que l'épellation ancienne, combinée avec la nouvelle appellation, est très-commode pour les consonnes non suivies de voyelles, comme celles qui se trouvent dans les diphthongues ou les triphthongues consonnes et dans les syllabes inverses. Le grand défaut de ce procédé d'épellation se trouve dans ce qui touche aux voix polygrammes, comme *au*, *eau*, *ou*, *eu*, *am*, *an*, *em*, *en*, *im*, *in*, *un*, etc. ; à la diphthongue *oi*; aux articulations polygrammes, comme *ch*, *gn*, *ph*, *ill*, enfin aux lettres nulles. Dans tous ces cas, en effet, le procédé qui nous occupe fait énoncer d'abord des lettres, puis une syllabe composée de ces mêmes lettres, mais dont la valeur n'a souvent aucun rapport avec les valeurs particulières des lettres en question. Alors, bien loin que l'analyse, c'est-à-dire l'énoncé des valeurs particulières des lettres, conduise logiquement à la synthèse, c'est-à-dire à la connaissance de la valeur totale de la syllabe, on ne va de l'une à l'autre qu'en foulant aux pieds toutes les lois de l'analogie. Un pareil enseignement, loin d'être secondé et facilité par la justesse de raisonnement que possèdent naturellement les enfants, trouve dans cette qualité même un sérieux obstacle, et ce n'est qu'en altérant et en faussant cette logique instinctive, ou du moins en accoutumant les enfants à n'en tenir aucun compte, pour suivre aveuglément une routine irrationnelle, qu'on parvient à leur faire énoncer, comme formant les deux termes d'une équation, des choses aussi disparates que les lettres *e*, *a*, *u* et le son *o*, les lettres *o*, *i*, et la diphthongue *oua*, les lettres *p*, *h* et l'articulation *f* (1), etc.

Ce grave défaut n'existe plus dans la nouvelle épellation, qui fait énoncer, sans les analyser, les groupes de lettres dont la valeur totale n'est pas le résultat logique des valeurs particulières des lettres. Ici, la nouvelle épellation procède comme la non-épellation, et cette manière de procéder est on ne peut plus rationnelle. En effet, si nous avons insisté sur la nécessité de recourir à l'épellation, c'est uniquement en vue des cas où l'épellation conduit à trouver d'une manière à la fois facile et logique la valeur des syllabes; quant à ceux où, au lieu d'être un secours, elle devient un obstacle, où, au lieu d'exercer les enfants à se servir de leur raisonnement, elle les exposerait à le fausser, on doit s'en abstenir avec soin. Lorsque quelqu'un de ces cas se présente, il faut dire aux enfants que, notre langue n'ayant pas des lettres pour représenter tous les sons, il a fallu recourir, pour quelques-uns de ces sons, à des groupes dans lesquels chaque lettre perd sa valeur propre (2); d'où il résulte que, pour lire

(1) L'emploi simultané de l'épellation ancienne et de l'appellation ancienne donne lieu à beaucoup d'autres disparates. Ainsi, pour épeler la première syllabe du mot *slave*, on dit : *esse*, *elle*, *a*, *sla*, tandis que les lettres, telles qu'on les a énoncées, devraient logiquement donner pour résultat *essella*. Mais il serait superflu d'insister sur ces contradictions, qui ont été si souvent relevées.

(2) Afin de ne point donner des idées fausses aux enfants, il faudra ajouter que, outre ces groupes employés par nécessité pour représenter des sons auxquels ne correspond aucune lettre, par exemple le son *ou* et les voix nasales, il y a d'autres groupes employés pour exprimer des sons que l'on pourrait très bien représenter par des lettres simples; tels sont les groupes *au* ou *eau*, employés pour représenter la voix *o*; les groupes *ai* ou *ei*, employés pour représenter la voix *è*; le groupe *ph*, em-

ces groupes, il faut ne tenir aucun compte des valeurs particulières des lettres et ne se rappeler que la valeur totale du groupe. Ainsi, dans tout ce qui tient à ces groupes, on met de côté l'analyse, l'analogie, le raisonnement, pour ne faire usage que de la mémoire.

Mais la nouvelle épellation a le tort d'employer ce même procédé purement synthétique, dans des cas où l'analyse est parfaitement applicable, par exemple, pour les diphthongues et les triphthongues consonnes, pour les syllabes inverses et pour les diphthongues voyelles, qui, à l'exception de *oi* et de *oin*, peuvent très-bien s'analyser. Il résulte de là que les inconvénients de la non-épellation se retrouvent en grande partie dans la nouvelle épellation.

En effet, bien que ce procédé ne rejette pas complétement l'analyse, il en restreint beaucoup trop l'usage, puisqu'il n'admet jamais dans une syllabe plus de deux éléments, savoir : l'élément consonne, comprenant tout ce qui précède la voyelle ou la première voyelle de la syllabe, et l'élément voyelle, comprenant la voyelle ou la première voyelle, et tout ce qui la suit; et ces deux éléments, quelquefois très-complexes, le système d'épellation qui nous occupe en ce moment les regarde toujours comme indécomposables. Ainsi, on charge inutilement la mémoire de l'enfant d'un très-grand nombre d'éléments dont il trouverait lui-

ployé comme équivalent de l'*f*, etc. Pour expliquer ces manières, en apparence bizarres, d'écrire certains mots français, il faudra dire qu'elles proviennent de la manière dont s'écrivent les mots grecs ou latins d'où dérivent ces mots français; en sorte que l'orthographe est un moyen de reconnaître la source et l'origine des mots, chose en général fort utile pour en bien saisir le sens et la valeur.

même très-aisément la valeur au moyen de l'analyse, ce qui serait à la fois pour lui un exercice et un encouragement; tandis que, chercher uniquement dans la mémoire les valeurs de tous ces éléments, ce n'est autre chose qu'une fatigue.

En résumé, la nouvelle épellation a sur l'ancienne l'avantage d'étudier d'une manière purement synthétique les éléments auxquels l'analyse ne peut s'appliquer; mais elle a le tort d'étudier de la même manière une multitude d'éléments parfaitement décomposables. Pour ce qui tient à cette dernière classe d'éléments, l'ancienne épellation, combinée avec la nouvelle appellation des lettres, serait de beaucoup préférable.

L'épellation par deux éléments a un autre défaut, auquel il a semblé fort difficile de porter remède; ce défaut consiste dans l'introduction du son *eu*, ou, si l'on veut, d'un *e* muet, à la fin de l'élément consonne. Ce son *eu*, sans lequel on ne peut, en épelant, prononcer l'élément consonne, et qui doit disparaître aussitôt après quand on énonce la valeur totale de la syllabe, constitue en effet une anomalie extrêmement fâcheuse. Proposons-nous, par exemple, d'épeler le mot *bâton*. Pour analyser la première syllabe, on dira *be*, *â*, ce qui donne naturellement pour synthèse, non pas *bâ*, mais *beâ*. De même l'analyse de la seconde syllabe étant *te*, *on*, la synthèse doit être, non pas *ton*, mais *teon*; en sorte que l'épellation ainsi faite doit conduire logiquement à lire, non pas *bâton*, mais *beâteon*.

Quelques auteurs, il est vrai, ont prétendu que la nouvelle appellation des lettres avait fait disparaître cet inconvénient. « L'*e* muet, dit M. Napoléon Landais, n'ayant qu'un son peu sensible, s'éteint et disparaît devant l'*a* ou une autre voyelle, parce que celle-ci a un son plus nourri et plus ferme ; on peut alors sentir que l'élision est naturelle. »

Cette manière de raisonner est empreinte de beaucoup d'exagération. Quant à nous, tout en reconnaissant à la nouvelle appellation de très-grands avantages, nous avouons qu'elle ne fait nullement disparaître l'anomalie qui nous occupe. L'épellation du mot *bâton*, qui, avec l'appellation nouvelle, donne pour résultat logique *beateon*, donnerait, avec l'appellation ancienne, *béatéon*, et, franchement, ce dernier résultat ne nous semble pas beaucoup plus éloigné que le premier de celui auquel on devrait arriver par une analyse bien faite. Il y a plus, l'ancienne appellation pourrait, à la rigueur, être regardée comme préférable, au point de vue dont il s'agit, pour les consonnes *f*, *l*, *m*, *n*, *r*, *s*. En effet, l'épellation des syllabes *fa*, *la*, *ma*, etc., donne pour résultat logique, avec l'ancienne appellation, *èfa*, *èla*, *èma*, etc., et, avec la nouvelle, *fea*, *lea*, *mea*. Or, dans *èfa*, *èla*, *èma*, il y a, à la vérité, un *è* ouvert à supprimer avant la syllabe ; mais du moins la syllabe existe avec sa véritable valeur ; tandis que, dans *fea*, *lea*, *mea*, elle n'existe réellement pas, et, si on la forme en supprimant l'*e* muet intercalé entre les deux éléments, on n'arrive point là par l'analyse, par un procédé logique, mais par quelque chose de tout à fait arbitraire.

Sans insister plus longtemps sur ces détails, reconnaissons que la manière d'indiquer une consonne immédiatement suivie d'une voyelle, présente une difficulté sérieuse, que l'on ne peut résoudre ni avec l'ancienne épellation ni avec la nouvelle, quelque appellation que l'on adopte pour les lettres. Il n'existe, pour résoudre cette difficulté capitale, qu'un seul moyen rationnel, qui sera expliqué dans l'exposé d'un système complet d'épellation que nous allons présenter, système où se trouve réuni tout ce que nous avons observé de vraiment utile, tant dans les procédés d'épellation employés jusqu'à ce jour, que dans la lecture sans épellation, et d'où a été écarté tout ce que l'examen approfondi de ces divers systèmes nous a démontré être défectueux.

Mais avant de chercher quel est le meilleur procédé à adopter pour analyser les syllabes, rendons-nous bien compte de toutes les variétés de formation que les syllabes peuvent présenter.

1° Il y a des syllabes formées seulement d'une voix, soit monogramme, comme *a*, *i*, etc., soit polygramme, comme *au*, *ou*, *in*, *un*, *eun*, etc.

2° Il y a des syllables formées d'une voix articulée, c'est-à-dire précédée immédiatement d'une articulation, soit monogramme, comme dans *la*, *ni*, *mou*, *bon*, etc., soit polygramme, comme dans les secondes syllabes des mots *riche*, *agneau*, *mouillé*, *Sapho*, etc.

3° Il y a des syllabes formées d'une diphthongue, c'est-à-dire de deux voix, soit monogrammes, soit polygrammes, que l'on prononce en glissant sur la première et en appuyant seulement sur la seconde; telles sont les syllabes *oi*, *ia*, *ieu*, *ui*, *oui*, etc.

4° Il y a des syllabes formées d'une diphthongue articulée, c'est-à-dire d'une diphthongue dont la première voix est précédée d'une articulation. Quant à la seconde voix, si elle était précédée d'une articulation, elle ne pourrait évidemment former diphthongue avec la voix précédente, ni appartenir à la même syllabe qu'elle. Exemples de syllabes formées chacune d'une diphthongue articulée : *lui*, *foi*, *Dieu*, *soin*, etc.

Une voix, soit pure, soit articulée, ou bien une diphthongue pareillement pure ou articulée, forme la partie principale de toute syllabe. Mais il y a en outre, dans bien des syllabes, une ou même deux articulations, soit avant cette partie principale, soit après, soit même tout à la fois avant et après. De là, trois nouvelles catégories de syllabes, que nous allons ajouter aux quatre catégories déjà indiquées.

5° Syllabes qui, après la voix ou la diphthongue, contiennent une articulation, par exemple : *or*, *seul*, *zinc*, *noir*, etc., ou qui même en contiennent deux, comme *arc*, *parc*, *turc*, *mœurs*, etc.

6° Syllabes qui, avant l'articulation qui précède immédiatement la voix ou la diphthongue, contiennent une autre articulation, par exemple : *cri*, *bleu*, *plan*, *grain*, etc.; ou qui même en contiennent deux, comme *scri*, *scru*, *stra*, etc.

7° Syllabes qui ont, soit une articulation, soit même deux, et après la voix ou la diphthongue qui forme comme le corps de la syllabe, et avant l'articulation qui précède immédiatement cette voix ou cette diphthongue. Exemples : *stuc*, *strict*, etc., et la première syllabe des mots *svelte*, *structure*, etc.

8° Enfin il y a des syllabes qui contiennent des lettres que l'on ne prononce en aucune manière; exemples :

l'*e* muet, dans la première syllabe de *gaieté* et dans la seconde de *dévouement;* le *g*, dans la première syllabe de *longtemps*, et le *p* et l'*s* dans la seconde syllabe du même mot, etc. Parmi les lettres que l'on ne prononce pas, se placent généralement : l'*u* après le *q*; l'*u* entre le *g* et l'une des voyelles, *e*, *i*, *y;* l'*e* entre le *g* et l'une des voyelles *a*, *o*, *u*, etc.

Terminons cette étude sur la composition des syllabes par une observation importante, savoir : que toute syllabe qui n'est pas formée d'un seul son, soit pur, soit articulé, se compose d'une série de sons, pareillement purs ou articulés, qui s'énoncent tous par une seule émission de voix, et qui néanmoins se prononcent les uns après les autres. Parmi ces sons, il n'y en a habituellement qu'un seul qui se trouve représenté dans la syllabe écrite, et il ne peut y en avoir au plus que deux, formant diphthongue; mais il peut y en avoir plusieurs autres, que l'orthographe ne représente pas, et que l'on supplée dans la prononciation, en vertu de ce principe, qu'on ne peut prononcer une articulation qu'en l'appuyant sur une voix, et qu'à défaut d'une voix représentée dans la syllabe, on supplée un *e* muet, c'est-à-dire le son *eu*.

Appliquons ces observations à quelques syllabes, et prenons d'abord comme exemple le monosyllabe *strict*. Nous trouverons dans ce monosyllabe cinq sons articulés, savoir : *se*, *te ri*, *que*, *te*, et il est évident que, prononcer la syllabe *strict*, c'est faire entendre successivement ces cinq sons, en appuyant seulement sur la voix *i*, et en passant le plus légèrement possible sur les *e* muets que l'on est obligé de suppléer, mais que l'on fait seulement sentir autant que cela est indispensable pour pouvoir former les articulations auxquelles ils servent d'appui. Dans la syllabe *grand*, nous trouverons deux sons articulés, savoir : le son *gue* et le son *ran*, c'est-à-dire un *a* nasal modifié par l'articulation *r*. Quand au *d*, il est nul dans la prononciation. Dans le monosyllabe *Dieu*, nous trouvons un son articulé *di*, et un son pur *eu*. Dans le monosyllabe *trois*, qui se prononce *troua*, nous trouvons deux sons articulés, *te*, *rou* et un son pur *a*. Dans le dissyllabe *chiendent*, nous trouvons une première syllabe formée d'un son articulé, *chi*, et d'un son pur, *en*, qui n'est autre que l'*è* nasal, plus habituellement représenté par *in*. Quant à la seconde syllabe, *dent*, elle n'est formée que d'un son articulé, et ce son est celui de l'*a* nasal.

Après ces explications préliminaires, voici en quoi consiste notre système d'épellation.

Établissons d'abord que l'épellation, telle que nous la concevons, a pour but d'atténuer, en les divisant le plus possible, les difficultés que présente la lecture des syllabes. Son procédé général consiste à énoncer par autant d'émissions de voix distinctes chacun des sons, soit purs, soit articulés, qui, lorsqu'on prononce une syllabe, se produisent successivement, quoique formés par une même émission de voix. Cette analyse d'une syllabe doit satisfaire aux trois conditions suivantes : 1° indiquer tous les sons qui devront se trouver ensuite dans la synthèse, c'est-à-dire dans la valeur totale de la syllabe ; 2° s'abstenir rigoureusement de faire intervenir dans l'analyse aucun son étranger à la synthèse en question ; 3° décomposer tout ce qui est décomposable, sauf les cas où cette décomposition changerait la nature des sons.

Voilà à quoi se réduit la théorie de notre système d'épellation; voici maintenant les conséquences pratiques de cette théorie :

1° On ne décomposera point, dans l'épellation, les combinaisons représentant des voix ou des articulations polygrammes, comme *ai*, *ei*, *au*, *eau*, *eu*, *œu*, *ou*, *oi* (livre de l'élève, 1re partie, leçon XV), *an*, *am*, *en*, *em*, *in*, *im*, *ain*, *aim*, *ein*, *on*, *om*, *un*, *um*, *eun*, *oin* (leçon XVI), *ch*, *ph*, *gn*, *ill* (leçon XVII). En effet, la décomposition de ces combinaisons en changerait complétement la valeur, ce qui serait contre la règle 3, et introduirait dans l'analyse, des sons qui ne devraient pas se trouver ensuite dans la synthèse, ce qui serait contre la règle 2. Sur ce point, notre système est conforme à l'épellation par deux éléments.

2° On ne devra pas, dans les sons articulés, séparer l'articulation, de la voix sur laquelle elle s'appuie ; car, que l'on dise *be*, *a*, *ba*, ou *bé*, *a*, *ba*; *fe*, *a*, *fa*, ou *ef*, *a*, *fa*, on introduit dans l'analyse des sons qui ne doivent pas demeurer dans la synthèse, ce qui est contraire à la règle 2. On devra donc, comme dans la lecture sans épellation, énoncer directement *ba*, *fa*, etc. Ainsi disparaît entièrement l'anomalie qui constituait la difficulté capitale de l'épellation, et le moyen si simple que nous employons pour cela est en même temps parfaitement logique ; car, pour procéder logiquement, il ne faut séparer dans l'analyse que des sons qui, dans la synthèse, sont réellement distincts et successifs ; or, dans ce que nous appelons un son articulé, comme *ba*, *fa*, *feu*, *mon*, *bon*, *lin*, *main*, etc., il n'y a pas deux sons successifs; chacun de ces sons articulés ne contient qu'un son unique, modifié par une articulation, qui ne précède pas la voix, mais qui se prononce simultanément avec elle, puisqu'elle n'est, à proprement parler, qu'une certaine manière de former les premières vibrations sonores qui constituent la voix en question.

3° On devra décomposer, dans l'épellation, toutes les diphthongues-voyelles, à l'exception de *oi* et *oin*. En effet, d'un côté, si l'on décomposait ces deux dernières diphthongues en *o* et *i*, *o* et *in*, on introduirait dans l'analyse, des sons qui ne devraient pas se trouver dans la synthèse, et d'un autre côté, si l'on ne décomposait pas les autres diphthongues, savoir : *ia*, en *i* et *a; ian*, en *i* et *an; ié* en *i* et *é; iè* en *i* et *è; ien*, en *i* et *an*, ou, plus souvent en *i* et *in; ieu*, en *i* et *eu; iau*, en *i* et *au; io*, en *i* et *o; ion*, en *i* et *on; oua*, en *ou* et *a; oui*, en *ou* et *i; ouin*, en *ou* et *in; ui*, en *u* et *i; uin*, en *u* et *in* (première partie, leçon XX), on ne décomposerait pas des choses parfaitement décomposables, ce qui serait contraire à la règle 3 et au but même de l'épellation, qui, ainsi que nous l'avons dit, est d'atténuer les difficultés de la lecture en les divisant le plus possible.

4° On devra énoncer séparément dans l'épellation toutes les articulations non suivies immédiatement de voix représentées dans la syllabe, et on appuiera ces articulations sur la voix *eu* faible. Procéder ainsi, ce ne sera pas introduire dans l'analyse, des sons qui ne devront pas se trouver dans la synthèse; car, dans l'énoncé de la syllabe, chacune de ces articulations se prononce avec le son *eu* faible, très-rapidement, il est vrai, mais d'une manière parfaitement saisissable. Ainsi, en énonçant ces articulations dans l'analyse, de la manière que nous venons d'expliquer, on ne fera que se conformer à la règle 1, qui veut que tous les sons qui doivent se trouver dans la synthèse soient indiqués dans l'analyse. Par cette quatrième application pratique et par la précédente, notre système d'épellation se rapproche de l'ancienne épellation, qui, s'il avait l'inconvénient de décomposer des combinaisons que l'analyse altérait et dénaturait, n'avait pas, comme l'épellation dite *nouvelle*, le défaut d'étudier d'une manière purement synthétique des groupes parfaitement décomposables, et de surcharger ainsi la mémoire des enfants d'une multitude de prétendus éléments dont il leur est très-aisé de trouver eux-mêmes la valeur au moyen de l'analyse.

5° On n'indiquera point dans l'épellation les lettres nulles; c'est une conséquence de la règle 2, qui défend de faire intervenir dans l'analyse, des sons qui ne doivent pas se faire sentir dans la synthèse;

En résumé, le mode d'épellation que nous proposons emprunte à la lecture sans épellation la règle essentielle de ne point séparer l'articulation, de la voix sur laquelle elle s'appuie; il emprunte à ce même mode de lecture, ainsi qu'à l'épellation par deux éléments, la règle aussi très-importante de ne point décomposer les combinaisons représentant des voix ou des articulations polygrammes, et celle qui prescrit de ne point indiquer dans l'épellation les lettres nulles; enfin, il emprunte à l'ancienne épellation la décomposition des diphthongues-voyelles (à l'exception de *oi* et de *oin*), celle des diphthongues-consonnes, et l'énonciation dans l'épellation, des consonnes finales de syllabes. Nous ne voyons pas quel est celui des points de ce système sur lequel on pourrait élever des difficultés. Serait-ce sur la règle que nous établissons de ne point séparer l'articulation de la voix qui lui sert d'appui? Mais ce point a été admis sans difficulté dans la non-épellation; c'est même de là que résulte le seul avantage réel de la non-épellation, l'avantage de n'avoir pas à introduire entre l'articulation et la voix, un son *eu*, qui doit disparaître ensuite et qui cause tant d'embarras. Notre mode d'épellation présente ce même avantage, sans avoir les inconvénients que nous avons signalés dans la non-épellation.

Dira-t-on que, ne pas décomposer les combinaisons qui représentent des voix ou des articulations polygrammes, et supprimer dans l'épellation les lettres qui ne se prononcent pas, c'est accoutumer les enfants à ne point tenir compte de l'orthographe? A ce reproche, qui ne pourrait nous être adressé que par les partisans de l'ancienne épellation, nous répondrons que, quoique savoir lire et savoir l'orthographe soient deux connaissances étroitement liées entre elles, néanmoins, il y a pour l'acquisition de chacune d'elles des procédés distincts, des procédés souvent inverses. Cela doit avoir lieu surtout en ce qui concerne l'épellation; en effet, l'épellation appliquée à l'enseignement de la lecture, consiste à montrer à l'élève la composition orthographique d'une syllabe, afin qu'il trouve la valeur phonique de cette même syllabe ; tandis qu'au point de vue de l'étude de l'orthographe, l'épellation doit consister à énoncer devant l'élève la valeur phonique d'une syllabe, et à lui faire trouver les lettres dont cette syllabe doit être composée. Le but, dans les deux cas, étant opposé, il est naturel que la marche soit inverse; ainsi l'épellation, qui, dans l'étude de la lecture, monte de l'analyse à la synthèse, doit, dans l'étude de l'orthographe, descendre de la synthèse à l'analyse. Une autre différence entre ces deux épellations, c'est que la première devra souvent éviter de décomposer des groupes de lettres, pour ne pas arriver à des sons qui ne figureraient pas dans la syllabe prononcée, tandis que la seconde devra pousser la décomposition jusqu'au bout, afin de trouver toutes les lettres qui doivent figurer dans la syllabe écrite. Ainsi, dans l'enseignement de la lecture, préoccupons-nous uniquement du mode d'épellation le plus propre à cet enseignement; quand il s'agira d'étudier spécialement l'orthographe, on emploiera un autre mode d'épellation, suffisamment indiqué par le peu que nous venons de dire (1).

(1) Ajoutons pourtant quelques exemples pour donner une idée plus complète de cette épellation que l'on doit employer dans l'enseignement de l'orthographe, mais à laquelle il ne faut exercer que des élèves sachant déjà bien lire. Soient les mots *cloison*, *chauffeur*, *physique*, *agneau*, *dédaigneux* ; voici à peu près comment on pourra en faire l'épellation orthographique : *Cloison; cloi*, par *c*, *l*, *o*, *i*; *zon*, par *s*, *o*, *n*. — *Chauffeur; chô*, par *c*, *h*, *a*, *u*, *f*; *feur*, par *f*, *e*, *u*, *r*. — *Physique; fi*, par *p*, *h*, *y*; *zi*, par *s*, *i*; *que*, par *q*, *u*, *e*. — *Agneau; a*, par *a*; *gnô*, par *g*, *n*, *e*, *a*, *u*. — *Dédaigneux; dé*, par *d*, *é*; *dè*, par *d*, *a*, *i*; *gneu*, par *g*, *n*, *e*, *u*, *x*. Cet exercice devant se faire de vive voix, nous indiquons seulement pour l'oreille la manière dont il faut énoncer chaque syllabe, avant d'énumérer les lettres qui entrent dans son orthographe.

En mettant de côté cette épellation *orthographique* qui ne s'applique point à l'enseignement de la lecture, nous avons signalé, au point de vue de cet enseignement, trois modes d'épellation : l'épellation *par lettres*, ou *ancienne épellation;* l'épellation par *deux éléments*, que l'on peut appeler *épellation systématique*, la décomposition d'une syllabe en deux éléments seulement étant une affaire de convention et de système ; enfin l'épellation *par sons successifs*, que nous appellerons *épellation naturelle*, ce mode d'épellation consistant à indiquer dans chaque syllabe la série des sons dont elle est réellement composée, sons que plusieurs grammairiens ont regardés comme formant autant de *syllabes naturelles* ou *physiques* (1). La dénomination de *syllabes artificielles* ou *syllabes d'usage*, désigne chez ces grammairiens les syllabes proprement dites, composées chacune, pour l'ordinaire, de deux ou de plusieurs syllabes naturelles, que l'on prononce par une seule émission de voix, en passant rapidement sur toutes, excepté sur une seule, qui, ainsi que nous l'avons déjà expliqué, forme l'élément principal de la syllabe. Nous sommes convaincu que ce système d'*épellation naturelle* est appelé à rendre de grands services à l'enseignement, et nous exprimons cette espérance avec d'autant plus de liberté, que nous ne donnons pas ce mode d'épellation comme venant de nous. D'abord, on en trouve la première idée, et comme le germe, dans ce que les grammairiens que nous venons de citer ont dit sur les syllabes naturelles. Sans doute, il y a loin de l'idée purement

(1) Voir surtout la *Grammaire générale* de Beauzée et le commentaire de Duclos, sur le chapitre III, de la *Grammaire générale* de *Port-Royal*.

théorique émise par ces grammairiens, à un procédé d'épellation présentant l'application de cette idée à tous les détails de l'enseignement de la lecture; mais il est parlé d'une semblable application dans un ouvrage dont la publication remonte déjà à plusieurs années, dans le *Traité de Pédagogie* de M. Eugène Rendu; car ce que l'auteur dit d'un procédé d'épellation qu'il a vu employer avec succès dans quelques écoles d'Allemagne, convient de tout point à celui que nous venons d'exposer. Enfin une étude aussi solide que complète sur ce mode d'épellation, a été récemment publiée par M. Béhagnon.

Ajoutons sur ce mode d'épellation quelques observations.

1° L'épellation par lettres étant lente et compliquée, l'enfant qui a à lire un mot de plusieurs syllabes, serait continuellement exposé à oublier les syllabes déjà déchiffrées, si, à chaque nouvelle syllabe qu'il épelle, on ne lui faisait répéter toutes les autres depuis le commencement du mot. Dans l'épellation par deux éléments, on a pu se dispenser de cette fastidieuse répétition; on le peut à plus forte raison, avec le mode d'épellation plus simple encore que nous venons d'exposer.

2° La manière d'épeler les doubles consonnes est un des points sur lesquels les méthodes de lecture sont le plus en désaccord. Dans notre système d'épellation, deux consonnes semblables placées l'une à la suite de l'autre, doivent toujours appartenir, la première à la syllabe qui précède, la seconde à la syllabe qui suit. Lorsque les deux consonnes se prononcent, la première s'épelle comme articulation finale de syllabe; lorsqu'on ne doit prononcer qu'une des deux consonnes, la première rentre dans la catégorie des lettres nulles. Ainsi, la manière d'épeler les consonnes redoublées se déduit sans aucune difficulté des règles de notre système d'épellation, et cette manière de diviser les syllabes est conforme à ce que l'on fait en écrivant, toutes les fois qu'un mot qui termine une ligne doit être en partie renvoyé à la ligne suivante. Faire diviser les mots autrement, c'est accoutumer les enfants à commettre de véritables fautes d'orthographe.

Lorsqu'on a à épeler la combinaison *ill*, représentant l'articulation appelée *l mouillée*, on sépare les deux *l* de la manière qui vient d'être expliquée, on regarde la première comme une lettre nulle, et on donne à la seconde le son mouillé. Quant à l'*i* qui précède les deux *l*, on le regarde aussi comme une lettre nulle, quand il est précédé d'une autre voyelle, comme dans *maille*, *feuille*, *mouillé*, etc. Son seul effet, alors, c'est de contribuer avec la première *l*, à donner à la seconde le son mouillé.

Nous ne croyons pas nécessaire d'entrer dans de plus longues explications, que suppléera aisément l'intelligence des maîtres; mais il ne sera peut-être pas inutile d'appliquer à quelques exemples le mode d'épellation que nous avons exposé. Seulement, l'épellation étant un exercice purement oral, il est assez difficile d'en donner par écrit une idée bien exacte. Le moyen que nous allons adopter pour cela, sera d'indiquer uniquement pour l'oreille et sans tenir aucun compte de l'orthographe, la manière dont l'enfant devra énoncer les sons, les syllabes et les mots, en ayant soin de donner d'abord en caractères distincts le mot tel qu'il s'écrit, et en mettant entre parenthèses, également avec leur orthographe, les différentes syllabes, avant de les décomposer. Lorsqu'une syllabe n'est pas décomposable, après l'avoir écrite entre parenthèses avec son orthographe, nous la répétons avec cette même orthographe, si cette orthographe représente exactement la prononciation de la syllabe, et, dans le cas contraire, avec les lettres qui représentent le mieux cette prononciation. Il va sans dire que les indications purement phoniques, dans lesquelles nous ne tenons point compte de l'orthographe, ne doivent point être montrées aux enfants : car elles pourraient jeter de la confusion dans leurs esprits.

En résumé, pour épeler les mots que nous allons prendre comme exemples, et que l'on verra imprimés en caractères distincts, il n'y aura qu'à énoncer tout ce qui, à la suite de ces mots, n'est pas entre parenthèses; ce qui trouve entre parenthèses a uniquement pout but de rappeler l'orthographe de chaque syllabe.

Fraîcheur. — (FRAÎ) fe, rê, frê; (CHEUR) cheu, re, cheur; frêcheur.

Doctoral. — (DOC) do, que, doc; (TO), to; (RAL) ra, le, ral; doctoral.

Promptement. — (PROMP) pe, ron, pron; (TE) te; (MENT) man; pronteman.

Manger. — (MAN) man; (GER) gé; mangé.

Charmant. — (CHAR) cha, re, char; (MANT) man; charman.

Appartenir. — (AP) a; (PAR) pa, re, par; (TE) te; (NIR) ni, re, nir; apartenir.

Pharmacien. — (PHAR) fa, re, far; (MA) ma; (CIEN) ci, in, ciin; farmaciin.

Illusion. — (IL) i, le, il; (LU) lu; (SION) zi, on, zion; il-luzion.

Distribution. — (DIS) di, se, dis; (TRI) te, ri, tri; (BU) bu; (TION) si, on, sion; distribusion.

Feuilleton. (FEUIL) feu; (LE) ille; (TON) ton; feu-ille-ton (1).

Sophistiqué. — (SO) so; (PHIS) fi, se, fis; (TI) ti; (QUÉ) ké; sofistiké.

Illustre. — (IL) i, le, il; (LUS) lu, se, lus; (TRE) te, re, tre; il-lustre.

Famille. — (FA) fa; (MIL) mi; (LE) ille; famille.

Cueillir. — (CUEIL) keu; (LIR) illi, re, illir; keu-illir.

Million. — (MIL) mi; (LION) li, on, lion; milion.

Guérison. — (GUÉ) gué (*u nul*); (RI) ri; (SON) zon; guérizon.

Exempt. — Pour faire épeler ce mot, on pourra dire à l'enfant que l'*x* équivaut ici à *gz*, et que le *g* fait en réalité syllabe avec l'*e*, qui par suite devient ouvert. On peut épeler : (E) è; (XEMPT) gue, zan, gzan; è-gzan, ou eg-zan.

Exil. — (E) è; (XIL) gue, zi, le: gzil; è-gzil ou eg-zil.

Fixé. — (FI) fi; (XÉ) ke sé, csé; fi-csé ou fic-sé.

Vexé. — (VE) vè; (XÉ) ke, sé, csé; vè-csé ou vec-sé.

(1) Faute d'un signe spécial, que notre langue n'a pas, nous représentons par *ill* l'articulation appelée *l mouillée*, soit qu'on la prononce comme une véritable articulation, soit qu'on l'adoucisse au point d'en faire une espèce d'*i*, ainsi que nous l'avons expliqué au chapitre I.

Exemple. — (E) è ; (XEM) gue, zan, gzan ; (PLE) pe, le, ple ; è-gzan-ple ou eg-zan-ple.

Croitre. — (CROI) que, roi, croi ; (TRE) te, re, tre ; croître.

Choisir. — (CHOI) choi ; (sir) zi, re, zir ; choi-zir.

Agneau. — (A) a ; (GNEAU) gnô ; agnô.

Gnomon. — (GNO) gue, no, gno ; (MON) mon ; gno-mon (1).

Homme. — (HOM) o ; (ME) me ; ome.

Ébahi. — (È) é ; (BA) ba ; (HI) i ; éba-ï.

Ennemi. — (EN) é ; (NE) ne ; (MI) mi ; é-ne-mi.

Ennui. — (EN) an ; (NUI) nu, i, nui ; an-nui.

Partie. — (PAR) pa, re, par ; (TIE) ti ; parti. Nous supprimons ici complétement la syllabe formée par l'*e*, parce que cette syllabe est absolument nulle dans la lecture. On la prononce, il est vrai, dans les vers chantés ; si l'on juge à propos d'indiquer aux enfants cette prononciation, il faudra leur dire que le mot *partie* s'épelle alors, mais seulement alors, de la manière suivante : (PAR) pa, re, par ; (TI) ti ; (E) eu ; partieu.

Accès. — (AC) a, ke, ac ; (CÈS) sè ; ac-sè.

Suggestion — (SUG) su, gue, sug ; (GES) jè, se, jès ; (TION) ti, on, tion ; sug-jes-tion (2)

(1) Dans cet exemple, les deux consonnes *gn* ont une tout autre valeur que dans le précédent. C'est un inconvénient inévitable dans notre langue, qui n'a pas, comme la langue espagnole, un signe particulier pour représenter l'articulation *gn*, telle qu'on la prononce dans *agneau*, *ligne*.

(2) Ne pouvant multiplier par trop ces exemples d'épellation, nous croyons devoir au moins rappeler à nos lecteurs, que l'épellation de tous les mots difficiles se trouve indiquée implicitement dans les observations que renferme la seconde partie du *Livre de l'élève*.

Terminons ce chapitre en disant quelques mots d'une question qui touche, non pas à tel ou tel mode particulier d'épellation, mais à l'épellation en général; cette question, la voici : *Est-il nécessaire* ou *utile que, dans les mots sur lesquels on exerce les enfants, les syllabes soient séparées par des tirets, par des espaces, ou de toute autre manière?* Si c'est une nécessité, on doit s'y soumettre; mais on peut du moins regretter qu'il en soit ainsi. D'abord, il est toujours regrettable d'avoir à montrer aux enfants, des mots écrits autrement qu'ils ne le sont dans l'usage ordinaire. Puis, comme le dit M. Dupont, « les mots ainsi préparés ne présentent autre chose que des syllabes déjà connues, ne laissent, par conséquent, aucun nouveau travail à l'élève, et les difficultés ne sont qu'éludées. Plus vous retardez cette étude inévitable, plus vous la rendez pénible par l'agglomération des difficultés de ce genre, inhérentes à chaque classe de syllabes. » Mais le point est de savoir si cette séparation des syllabes, dans les exercices que l'on donne aux enfants, est vraiment nécessaire. La plupart des auteurs de méthodes de lecture ont résolu la question affirmativement. Pour avoir le droit de la résoudre négativement, il faut présenter une méthode où la gradation des difficultés soit ménagée avec tant de soin, qu'il suffise à l'enfant, pour diviser lui-même les mots, d'une simple indication donnée par le maître, chaque fois que l'on aborde un nouveau genre de syllabes. Or, nous croyons que notre *Méthode*, telle qu'elle est exposée dans le *Livre de l'élève*, remplit la condition que nous venons de formuler; aussi n'avons-nous indiqué que sur un petit nombre d'exemples la division en syllabes. Quant aux indications que le maître devra donner chaque fois que l'élève abordera une nouvelle espèce de syllabes, on les trouvera, avec toutes les explications nécessaires, dans le chapitre suivant. Autorisé par l'expérience, nous ne craignons pas d'affirmer que, grâce au soin avec lequel notre méthode a été combinée, spécialement à ce point de vue, les enfants n'éprouvent aucune difficulté sérieuse à effectuer eux-mêmes la division des mots en syllabes; ce qui nous permet de leur donner, après un très-petit nombre de leçons, de véritables exercices de lecture courante.

CHAPITRE III.

Explication de notre Méthode de Lecture, et indications pratiques sur la manière d'en faire usage.

Généralement, chaque lettre ou combinaison de lettres a, dans notre langue, des prononciations différentes. Celle de ces prononciations qui s'applique au plus grand nombre de cas, est dite *régulière*, et les autres sont appelées *irrégulières* ou *exceptionnelles*. Nous avons divisé notre méthode en deux parties, traitant, la première, de la prononciation régulière; la seconde, des irrégularités, exceptions et difficultés de tout genre. Expliquons successivement ce que renferment ces deux parties, en suivant, leçon par leçon, le *Livre de l'élève*.

ARTICLE PREMIER. — PRONONCIATION RÉGULIÈRE.

Nous avons dû naturellement nous occuper avant tout de faire connaître les lettres à l'élève; mais nous avons adopté pour cela une marche différente de celle qu'on suit d'ordinaire. En effet, dans la plupart des Méthodes de lecture, on commence par présenter l'alphabet tout entier; lorsque l'enfant est parvenu à se mettre tous ces signes dans la tête, on lui fait apprendre le syllabaire complet, et ce n'est qu'après avoir surmonté toutes ces difficultés, qu'il a enfin la satisfaction de lire quelques mots, et qu'il commence à entrevoir l'usage qu'il pourra faire de connaissances si péniblement acquises; heureux quand les mots qu'on lui donne à lire ne viennent pas bouleverser toutes ses idées, en l'obligeant à prononcer les lettres tout autrement qu'il ne l'a fait dans sa longue étude de l'alphabet et du syllabaire! Il n'y a certes pas lieu de s'étonner qu'avec une pareille marche, les progrès soient d'une lenteur extrême; ce qui véritablement est surprenant, c'est que les enfants ne tombent pas bientôt dans un irrémédiable découragement, et que leurs facultés ne soient pas comme paralysées par le dégoût et l'ennui.

Que faut-il faire pour éviter de si graves inconvénients? — Ne faire apprendre les lettres à l'enfant que peu à peu, et avoir soin, au fur et à mesure qu'il les apprend, de l'exercer à lire, non-seulement des syllabes, mais aussi des mots et même de petites phrases, où n'entrent que les lettres qu'il connaît, et où ces lettres aient toujours une prononciation parfaitement régulière. Il est évident qu'un enseignement ainsi conduit intéressera vivement l'élève, ne lui présentera aucune difficulté qui puisse le décourager et lui fera faire des progrès rapides.

Pour rendre l'étude des lettres encore plus facile, ne pourrait-on pas, au lieu de les présenter à la fois sous leurs deux formes, majuscule et minuscule, ne montrer d'abord que l'une de ces formes et réserver l'autre pour plus tard? — Nul doute qu'il n'y eût à cela quelque avantage; néanmoins, tout bien considéré, l'autre marche nous paraît préférable. D'un côté, en effet, s'interdire dans un assez grand nombre de leçons l'usage des lettres minuscules, ce serait s'imposer une gêne très-fâcheuse au point de vue des exercices, qui doivent tenir une grande place dans toute bonne méthode de lecture, et qui seraient beaucoup plus difficiles et beaucoup moins utiles si on ne pouvait les écrire qu'en lettres majuscules. D'un autre côté, il semble peu naturel de ne pas faire d'abord connaître aux enfants les lettres majuscules, dont les formes sont si propres à frapper leurs regards et à se graver dans leur mémoire. D'ailleurs n'y aurait-il pas un inconvénient sérieux à présenter aux enfants, des exercices où les noms propres et les petites phrases commençassent par des lettres minuscules, ce qui constituerait de véritables fautes d'orthographe? Ajoutons que, presque toujours, un enfant, quand il se met sérieusement à apprendre à lire, connaît déjà un certain nombre de lettres, et les connaît généralement sous leur forme majuscule; or lui parler de ces mêmes lettres, en ne les lui montrant que sous une forme différente de celle qu'il connaît, ne serait-ce pas mettre de la confusion dans son esprit? Pour tous ces motifs, nous avons cru devoir présenter chaque lettre sous ses deux formes à la fois. Quant à l'avantage qu'on aurait pu obtenir, en les séparant, de rendre plus faciles les premières leçons, on l'obtiendra également, sans tomber dans les inconvénients que nous avons signalés, en ne faisant entrer dans chacune de ces leçons qu'un très-petit nombre de lettres.

C'est ici le lieu de dire un mot des petits dessins que nous avons mis dans les leçons destinées à l'étude des lettres. Le but principal de ces dessins, c'est d'amuser le jeune élève, de lui rendre son livre agréable, de lui faire trouver du plaisir à le feuilleter, et quiconque connaît l'enfance, comprendra combien cela est important au début des études, sur le succès desquelles les premières impressions ont souvent une influence incalculable. Ces dessins ont en outre une véritable utilité comme moyens d'enseignement; car le nom de l'objet représenté par chacun d'eux indique la valeur de la lettre à laquelle le dessin se rapporte, et, quoique l'enfant ne puisse pas encore lire ces noms, il lui est facile de reconnaître dans chacun d'eux la lettre qu'il doit apprendre, et qu'on a eu soin de rendre très-apparente. Cette lettre se trouve toujours au commencement du mot en question avec sa forme majuscule, et dans le corps ou à la fin du même mot avec sa forme minuscule, sauf les cas où l'on a cru nécessaire d'employer deux mots, correspondant, soit à deux objets représentés dans le même dessin, soit à deux dessins différents.

Parcourons maintenant les leçons qui ont pour objet l'étude des lettres.

La leçon I traite des voyelles *i* et *o*. Nous commençons par ces deux lettres, parce que ce sont celles qui ont les formes les plus simples, savoir : la ligne droite et le cercle, ou, pour employer le langage des enfants, la *barre* et le *rond*. Il est vrai que l'*i* minuscule est surmonté d'un point; mais cet accessoire, loin de constituer une difficulté, fixe l'attention et par suite aide la mémoire. Voici de quelle manière on peut présenter cette première leçon à un enfant.

Comme c'est sur les petits dessins que, sans aucun doute, son attention se portera tout d'abord, c'est de cela aussi qu'il faudra lui parler, afin d'être mieux écouté. « Le premier dessin, lui dira-t-on, représente deux enfants regardant des images ; le suivant nous montre des épis dans un champ, où l'on aperçoit des moissonneurs travaillant dans le lointain. Ainsi, le mot du premier dessin, c'est **Image**, et celui du second, **Épi**. » Après avoir fait répéter plusieurs fois ces deux mots à l'enfant, en passant d'un dessin à l'autre, on reprendra ainsi : « Le mot **Image** commence par une lettre appelée **I**. Remarquez cette lettre, qui ressemble à une barre, ou plutôt à un pilier ou à un pieu fiché en terre. Le mot **Épi** finit par la même lettre; mais, dans ce mot, elle est plus petite : il est vrai que, comme par compensation, elle est surmontée d'un point, ce qui la fait ressembler à un bilboquet surmonté de sa boule. Ainsi il y a deux **I**; l'un grand et l'autre petit; le premier sans point, et le second avec un point. Du reste, le grand **I** et le petit **i** se prononcent exactement de la même manière. »

Après avoir ainsi arrêté quelque temps l'attention de l'enfant sur l'**I** et sur les deux dessins relatifs à cette voyelle, on passera au troisième dessin, où se trouvent une oreille d'homme, une oreille de chien, des oreilles de chat, et des oreilles d'âne. On tâchera d'amener l'enfant à reconnaître lui-même et à nommer ces différentes oreilles, ce qui ne pourra manquer de l'amuser pendant quelques instants, et on lui dira ensuite : «Le mot de ce dessin est **Oreilles**. Ce mot commence par la lettre **O**, qui n'est autre chose qu'un rond. C'est aussi par un **O** que commence le mot *orange*, fruit qui, par sa forme, ressemble à cette même lettre. Il y a un grand **O** et un petit **o**, de même qu'il y a un grand **I** et un petit **i** ; mais le grand **O** et le petit **o** ont exactement la même forme, et ne diffèrent l'un de l'autre que par la taille, ou, pour employer une expression plus exacte, par les dimensions. » Après ces explications, on passera plusieurs fois d'un dessin à l'autre, et, selon le dessin sur lequel on s'arrêtera, l'enfant devra dire : «*Image*, *i*, ou bien *Épi*, *i*, ou enfin *Oreille*, *o*. » En disant cela, il devra indiquer la lettre dans le mot placé au-dessous du dessin, et montrer cette même lettre au-dessus du dessin. Enfin, on fera lire à l'enfant la ligne qui termine la leçon, et dans laquelle se trouvent entremêlées les deux formes de l'*i* et de l'*o*. Si l'enfant, ce qui n'est pas probable, éprouvait encore quelque difficulté à nommer ces lettres, on le retiendrait quelques instants sur cette ligne d'exercices, et, au besoin, on le ferait recourir de nouveau aux petits dessins.

On voit que, quoique la première leçon contienne peu de chose, elle peut, au moyen d'explications et de petits exercices, offrir à l'enfant un véritable intérêt.

Après avoir fait connaître deux voyelles à l'élève, nous nous empressons, dans la leçon II, de lui faire connaître deux consonnes, afin qu'il puisse commencer immédiatement à lire des syllabes. Les deux premières consonnes que nous lui mettons sous les yeux sont le *p* et le *b*. On pourra lui dire pour expliquer cette seconde leçon : « Voici un dessin qui représente une pipe. Dans le mot **Pipe** il y a un **i** comme dans les mots **image** et **épi** ; mais, dans **image**, le son de l'*i* est pur et sans mélange ; tandis que dans les mots **épi** et **pipe** avant de prononcer l'*i*, on serre un instant les lèvres l'une contre l'autre, de manière à arrêter le son, et, lorsqu'on les écarte aussitôt après, le son se produit avec une sorte d'explosion, qui fait qu'au lieu de *i*, on entend *pi*, c'est-à-dire le son *i* modifié par une articulation qu'on représente au moyen de la lettre P. Les lettres employées à représenter les sons ou voix, comme l'*i* et l'*o*, sont appelées *voyelles ;* les lettres qui représentent les articulations sont appelées *consonnes*, nom qui signifie *sonnant avec;* parce qu'en effet une articulation ne peut se faire entendre qu'au moyen d'une voix sur laquelle elle s'appuie, tandis qu'au contraire une voix peut parfaitement se faire entendre sans être jointe à aucune articulation, comme cela a lieu pour la voix *i* dans le mot *image*.

« Le dessin suivant représente une boule et deux jambes, dont l'une se met en devoir de faire rouler la boule en la poussant d'un coup de pied. A ce dessin correspondent donc deux mots : **Boule** et **Jambe**. Au commencement du premier de ces mots, et vers la fin du second, se trouve la consonne **B**, représentant une articulation qui ne diffère du **P** qu'en ce que l'explosion qui la produit est moins forte, l'obstacle opposé momentanément à l'air par les lèvres ayant été moins énergique.

» Il y a un grand **P** et un petit **p**; mais ils ne diffèrent l'un de l'autre que par leurs dimensions, et ont exactement la même forme. Cette forme est celle d'un grand **I** auquel on aurait appliqué la moitié d'un **o**, de telle sorte que cette moitié d'**o** correspondît seulement à la moitié supérieure de l'**I**. Si l'on applique à un grand **I** deux moitiés d'**o**, correspondant, l'une à la moitié supérieure de l'**I**, l'autre à sa moitié inférieure, on aura un grand **B**. Un **I** avec une moitié d'**o** appliquée seulement à sa partie inférieure forme le petit **b** (1). »

Il sera bon d'amener l'enfant, au moyen de questions, à répéter ces explications sur les formes du **P**, du grand **B** et du petit **b**, et sur les rapports qu'ont ces formes avec celles de l'**I** et de l'**O**. On lui signalera ensuite alternativement les deux dessins; quand on lui indiquera le premier, il devra dire : *Pipe*, *p*, et montrer le grand *P* et le petit *p* dans le mot *pipe*, ainsi qu'au-dessus du dessin; quand on lui indiquera le second dessin, il devra dire : *Boule*, *b*, *jambe*, *b*, en montrant le grand *B* dans *Boule* et le petit *b* dans *jambe*, et en indiquant ensuite ces deux lettres au-dessus du dessin. Après cela, on fera lire à l'enfant, dans le petit tableau qui termine la leçon, les syllabes *pi*, *po*, *bi*, *bo*. Nous n'avons aucune observation à faire

(1) On fera bien de démontrer tout cela aux enfants sur le tableau noir ou sur du papier.

ici sur la manière dont il faut exercer les élèves à lire les syllabes, ayant traité ce point avec de grands détails dans le chapitre II.

Les trois variétés de l'*e* présentant une certaine complication, cette voyelle sera la dernière que nous ferons connaître aux enfants, et la leçon III traite seulement de l'*a* et de l'*u*. Voici comment on pourra exposer cette leçon : « Ce premier dessin représente un Arabe à cheval. Dans le mot **Arabe**, se trouve deux fois un son que nous représentons par une lettre dont voici les deux formes : **A**, **a**. Le second dessin représente une urne, et le son qui commence le mot **Urne** est représenté par une lettre dont voici les deux formes : **U**, **u**. Ces deux formes diffèrent très-peu l'une de l'autre, tandis qu'au contraire, le grand **A** et le petit **a** n'ont entre eux que bien peu de ressemblance, ce qui n'empêche pas que la prononciation de l'un et de l'autre soit exactement la même. »

Après ces explications, on indiquera alternativement les deux dessins à l'enfant, qui dira tantôt, *Arabe*, *a*, tantôt, *Urne*, *u*, et qui devra montrer la lettre en question, d'abord dans le mot qui est au-dessous du dessin, et puis au-dessus du même dessin. De cet exercice, il passera à la lecture des deux lignes qui se trouvent au-dessous, et dans lesquelles sont entremêlées les deux formes des quatre voyelles que l'élève connaît. Après ces deux lignes, vient un petit tableau des syllabes que l'on peut former en combinant, avec les deux voyelles nouvellement apprises, les deux consonnes étudiées dans la leçon précédente. Ce petit tableau est suivi de cinq lignes de syllabes, où entrent toutes les lettres que l'élève connaît. Enfin, comme préparation à la lecture des mots, nous lui présentons deux mots extrêmement simples, dont les syllabes sont d'abord séparées et puis réunies.

La leçon IV présente deux nouvelles consonnes, *l* et *r*, plus la voyelle *e*. L'étude des deux consonnes n'offre aucune difficulté. L'enfant reconnaîtra facilement la première dans les mots **Lapin, poule**, correspondant au premier dessin, et la seconde dans les mots **Raisin, poire**, correspondant au troisième. Après qu'on l'aura exercé à trouver les deux formes de chacune de ces consonnes dans les mots en question, et à les signaler ensuite au-dessus des dessins, en en viendra à la voyelle E, dont il sera bon de faire bien remarquer d'abord les deux formes, majuscule et minuscule. Bien que ces deux formes diffèrent notablement l'une de l'autre, il est aisé de reconnaître que l'on passe du grand **E** au petit **e**, en réunissant par leur extrémité libre la traverse d'en haut et celle du milieu, et en arrondissant tous les angles. Il ne sera pas inutile de démontrer cette transformation sur le tableau noir ou sur du papier.

Après cela, il faudra faire connaître à l'élève l'accent aigu et l'accent grave, en lui disant que l'accent aigu est penché en avant, et l'accent grave, en arrière. La présence de l'articulation *r* dans le mot *grave* et dans le mot *arrière* fournit un moyen mnémonique, dont on pourra tirer parti pour mettre l'enfant en mesure de ne jamais confondre les deux accents.

Après cet exposé, pour lequel il sera bon de tracer des accents sur le tableau, et d'en faire tracer à l'enfant, on lui montrera, sur le mot **Élève**, qui correspond au dessin du milieu, la manière dont l'*e* se prononce lorsqu'il porte l'accent aigu, lorsqu'il porte l'accent grave, et lorsqu'il ne porte aucun accent. On dira ensuite à l'enfant que l'E avec l'accent aigu s'appelle fermé, avec l'accent grave, ouvert, et sans accent, muet. On lui fera aisément comprendre la raison des deux premières dénominations, en lui montrant comment la bouche se dispose pour prononcer l'*é* fermé et l'*è* ouvert. Quant à la qualification de *muet*, donnée à l'*e* sans accent, on pourra l'expliquer de la manière suivante : « Vous savez qu'une consonne ne peut se prononcer si elle n'est jointe à une voyelle, qui lui serve, pour ainsi dire, d'appui. En conséquence, lorsqu'une consonne se trouve placée dans un mot, de manière à n'avoir d'autre appui qu'un *e* sans accent, il faut nécessairement faire entendre cet *e*, afin que la consonne puisse se prononcer. Mais, quand un *e* sans accent ne sert point d'appui à une consonne, on ne le prononce en aucune manière ; c'est ce qui a lieu, par exemple, dans les mots *pie*, *rue*, et dans beaucoup d'autres que nous verrons plus tard. Dans ces mots-là, l'*e* est bien réellement muet, c'est-à-dire qu'il ne se fait entendre en aucune manière. Dans les mots où, ainsi que nous l'avons dit, on est obligé de le prononcer à cause de quelque consonne, il justifie encore en partie sa dénomination de muet, en ce qu'on ne le prononce que le moins possible, et seulement autant que l'exige la prononciation de la consonne à laquelle il sert d'appui. » On pourra ajouter quelques explications tirées de ce que nous avons dit, page 15, sur le son *eu*, que représente l'*e* sans accent. On ajoutera que, ce son étant celui qui se produit le plus naturellement et avec le moins d'effort, sans exiger aucune disposition particulière des organes, mais seulement une médiocre ouverture de la bouche, on le fait entendre toutes les fois qu'on a à prononcer une consonne non suivie d'une voyelle, et par conséquent aussi lorsqu'on veut énoncer ou nommer une consonne qui se trouve seule. Ainsi, pour nommer les consonnes que nous connaissons déjà, savoir : *b*, *p*, *l*, *r*, on ne fait que prononcer les syllabes *be*, *pe*, *le*, *re*.

Après ces explications, on fera parcourir successivement à l'élève les différents exercices qui composent la leçon, et qui se terminent par deux lignes comprenant déjà de toutes petites phrases. Ces phrases ne contenant que des mots que l'enfant a déjà vus, celui-ci arrivera sans peine à les lire couramment, et un pareil résultat obtenu après trois ou quatre jours d'étude, ne pourra manquer d'être pour lui un très-grand encouragement.

Dans la leçon V, nous nous occupons des consonnes *t* et *d*, et, dans la leçon VI, des consonnes *m* et *n*. Chacune de ces leçons contient, outre les dessins relatifs aux deux consonnes dont elle traite, une série d'exercices analogues à ceux de la leçon IV. Ces exercices ne pouvant présenter aucune difficulté sérieuse, il sera bon d'employer une partie de la classe à répéter la leçon IV, afin que l'élève parvienne à savoir imperturbablement ce qui a rapport aux trois espèces d'*e*.

Après ces six premières leçons, qui peuvent être parfaitement vues en une semaine, l'élève se trouve connaître les cinq voyelles et huit consonnes; en outre, il sait lire toutes les syllabes que l'on peut former en mettant chacune de ces huit consonnes devant chacune des voyelles; or, les cinq voyelles formant en réalité, à cause des trois espèces d'*e*, sept lettres différentes, c'est en tout cinquante-six syllabes que l'élève a appris à lire. Ajoutons qu'il a déchiffré une bonne partie des mots que l'on peut former avec ces syllabes; enfin, qu'il s'est exercé à lire quelques petites phrases, ce qui commence à l'initier à la lecture courante. Un enfant qui a fait tout cela en une semaine (1), ne peut que se trouver puissamment encouragé par un tel succès, et doit nécessairement prendre goût à l'étude, résultat capital, qu'il faut surtout avoir en vue dans le premier enseignement.

La leçon VII, qui commence la seconde semaine, est la récapitulation de tout ce qui a été appris dans les leçons précédentes; mais nous n'y avons pas mis d'exercice spécial pour la lecture des syllabes, cet exercice peu intéressant pouvant très-bien être suppléé par celui qui est relatif aux mots. Dans celui-ci, nous nous dispensons du soin que nous avons pris dans les leçons précédentes, de diviser chaque mot en syllabes espacées. Ce sera dorénavant l'élève lui-même qui devra distinguer les syllabes, et, pour cela, il suffira de lui faire bien comprendre, au moyen de quel-

(1) Avec des enfants très-jeunes ou ayant l'intelligence très-peu développée, il faut aller un peu plus lentement. Chaque leçon, passé la première, devra être étudiée pendant deux jours; on passera même trois jours sur la leçon IV. De cette manière, les six leçons rempliront deux semaines; ce qui ne laissera pas que d'être encore un très-beau résultat.

ques exemples, la règle suivante : *Chaque voyelle fait syllabe avec la consonne qui la précède, et, si elle n'est point précédée d'une consonne, elle forme une syllabe à elle seule.* Cette règle suffit pour les quatorze premières leçons de notre *Méthode*. Lorsque l'élève les aura vues, nous lui donnerons une autre règle plus générale.

La leçon VIII, qui traite des consonnes *f* et *v*, et la leçon IX, consacrée aux consonnes *s* et *z*, n'offrent aucune difficulté.

La leçon X, qui s'occupe des consonnes *j* et *g*, nous présente, dans cette dernière lettre, le premier exemple d'une consonne ayant deux valeurs différentes, qui ne peuvent, ni l'une ni l'autre, être mises au rang des irrégularités et des exceptions dont s'occupe la seconde partie de la *Méthode*. Par l'une de ses deux valeurs, le *g* est un équivalent du *j*.

La leçon XI traite de la consonne *k* et de son équivalent *q*. (1) Le *q* présente cette particularité, qu'on ne l'emploie jamais devant une voyelle, sans interposer un *u*, qui ne se prononce en aucune manière, et qui doit être considéré comme faisant partie de la consonne. Cette nécessité pour la consonne *q*, d'être complétée par un *u*, peut être regardée comme une bizarrerie; mais nous n'avons pas cru devoir ranger une loi aussi invariable parmi les irrégularités, auxquelles est consacrée la seconde partie de la *Méthode*. Du reste, on trouvera au bas de la leçon les observations qu'il est indispensable de faire à l'élève sur la consonne qui nous occupe.

(1) Il sera bon de faire remarquer aux enfants les rapports de forme qui existent entre les voyelles I, O, et les consonnes B, b, P, p, D, d, Q, q.

La leçon XII traite du *c*, qui, comme le *g*, a deux valeurs différentes, en vertu desquelles il devient un équivalent, dans certains cas, de la consonne *k*, et, dans d'autres, de la consonne *s*. Il n'a cette dernière valeur que devant l'*e*, l'*i* et l'*y*; mais il la prend devant l'*a*, l'*o* et l'*u*, lorsqu'on lui ajoute un petit accessoire appelé *cédille*. Nous aurions pu ne traiter de la cédille qu'un peu plus loin, en parlant du tréma et des autres signes orthographiques; mais nous avons cru qu'il valait mieux réunir dans une même leçon tout ce qui concerne le *c*, de même que nous avons réuni, dans une leçon antérieure, tout ce qui concerne l'*e*.

Après la douzième leçon, qui termine la seconde semaine, l'élève connaît toutes les lettres, à l'exception seulement de l'*h*, de l'*x* et de l'*y*, que nous ne tarderons pas à lui montrer. Tout en lui apprenant les lettres, nous l'avons exercé à lire les syllabes que l'on peut former en les combinant entre elles, et nous avons eu soin de mettre pour cela, dans la plupart des leçons, des syllabaires partiels. Ces différents syllabaires, réunis dans la leçon XIII, composent un syllabaire général, qui formera une très-utile récapitulation de l'étude des lettres et des syllabes. Les exercices relatifs à la lecture des mots et des phrases sont récapitulés dans la leçon XIV.

Jusqu'ici, nous ne nous sommes occupés que des voix et des articulations monogrammes, c'est-à-dire représentées chacune par une seule lettre; nous avons maintenant à étudier les voix et les articulations polygrammes, c'est-à-dire représentées par des combinaisons de deux ou plusieurs lettres. Le mot *combinaison* indique que les lettres qui représentent une voix ou une articulation polygramme ne se prononcent pas successivement, chacune avec sa valeur propre, mais s'unissent et, pour ainsi dire, se fondent ensemble pour représenter un son plus ou moins différent de ceux que chacune représente quand elle est seule. Cette observation a pour but d'empêcher qu'on ne confonde, avec les combinaisons proprement dites, que l'élève doit étudier avec soin, de simples assemblages de lettres, qui ne peuvent présenter aucune difficulté, puisque chaque lettre y conserve sa valeur propre, lors même qu'on les prononce assez rapidement pour qu'elles soient formées sensiblement par une seule émission de voix. Mettant de côté pour le moment ces divers assemblages, dont nous nous occuperons un peu plus tard, nous trouvons que les combinaisons proprement dites sont peu nombreuses, et peuvent être exposées en trois leçons, consacrées, l'une aux combinaisons qui représentent des voix orales, l'autre à celles qui représentent des voix nasales, la troisième à celles qui représentent des articulations.

La leçon XV, qui traite des combinaisons représentant des voix orales, peut être exposée aux enfants de la manière suivante : «Si vous examinez les cinq voyelles **a**, **e**, **i**, **o**, **u**, imprimées en caractères minuscules, vous remarquerez que trois d'entre elles, **a**, **e**, **o**, sont composées de lignes courbes, tandis que, dans les deux autres, **i**, **u**, les lignes sont droites. En conséquence, nous dirons que **a**, **e**, **o**, sont des voyelles *courbes*, et **i**, **u**, des voyelles *droites* (1).» Après s'être as-

(1) Il eût peut-être été mieux d'appeler ces voyelles, les unes

suré, par quelques questions, que l'enfant a bien saisi cette division des voyelles, le maître pourra continuer ainsi : « Toutes les fois qu'une voyelle courbe se trouve suivie d'une voyelle droite, les deux se combinent, et représentent une voix différente de celle que représenterait séparément chacune d'elles. Or les combinaisons que l'on peut former en mettant chacune des trois courbes, d'abord devant l'*i* et puis devant l'*u*, sont au nombre de six, savoir :

ai, ei, oi, — au, eu, ou.

» Les combinaisons **ai** et **ei** équivalent à *è;* la combinaison **au**, équivaut à *o;* les combinaisons **eu** et **ou** représentent deux sons particuliers (1); enfin la combinaison **oi** représente une diphthongue, c'est-à-dire l'ensemble de deux sons formés par une seule émission de voix. Les deux sons dont est formée la diphthongue **oi** sont *ou* et *a*, que l'on prononce en glissant rapidement sur le premier.

» Outre les six combinaisons que nous venons d'étudier, il y a une lettre double, qui se compose d'un **o** et d'un **e**, unis de manière à ne former qu'un seul caractère, **œ**. Ce caractère équivaut à l'*é* fermé; mais, suivi d'un *u*, il joue le même rôle que l'*e* sans accent, en sorte que la combinaison **œu** est l'équivalent de **eu**. Ajoutons une dernière combinaison **eau**, qui est l'équivalent de **au**, et par conséquent aussi de *o*.

» En résumé, les combinaisons qui représentent des

curvilignes, les autres *rectilignes;* mais nous avons craint que ces expressions ne présentassent quelque difficulté aux enfants.

(1) On fera connaître ces sons aux enfants en les prononçant devant eux, et on aura soin de les leur faire répéter.

voix orales, sont : **ai** et **ei**, équivalents de *è*; — **au** et **eau**, équivalents de *o*; — **eu** et son équivalent **œu**, qui représentent un son particulier; — **ou**, qui représente aussi un son particulier; — enfin la diphthongue **oi**, équivalent de *oua*. Ce ne sont donc en tout que neuf combinaisons à apprendre. Ces combinaisons, partout où elles se trouvent, jouent exactement, pour ce qui tient à la composition de la syllabe, le même rôle que les voyelles simples. Ainsi, chacune de ces combinaisons forme syllabe avec la consonne dont elle est précédée : *Fai* re, *rei* ne, *sau* le, *beau* té, *veu* ve, etc., et, si elle n'est point précédée d'une consonne, elle forme syllabe à elle seule : *Ai* le, *au* torité, *Eu* gène, etc.

» Il ne faut pas oublier que, pour se combiner avec l'*i* ou l'*u*, l'*e* doit être sans accent. Lorsque l'*e* porte un accent, la voyelle qui le suit appartient à une autre syllabe, comme dans *ré uni*, *ré itéré*. »

Au moyen de ces explications, les enfants n'auront pas de peine à lire les exercices que nous donnons sur les voix polygrammes; d'autant plus qu'afin de graduer la difficulté, nous avons, dans ces exercices, signalé par des italiques les combinaisons de lettres représentant des voix de ce genre.

On pourra terminer cette leçon en disant à l'élève que, lorsque deux voyelles se suivent autrement que dans l'ordre indiqué, c'est-à-dire *courbe et droite*, il n'y a point de combinaison. Ainsi, quand une droite est suivie d'une courbe, comme dans **ia**, **ié**, **io**, **ua**, **ué**, etc., ou quand deux courbes se suivent, comme dans **ao**, **ae**, **oa**, etc., ou quand deux droites se suivent, comme dans **iu**, **ui**, les deux voyelles se prononcent successivement, chacune avec le son qui lui est propre. Cette règle n'admet que très-peu d'exceptions, qui seront indiquées dans la seconde partie de la méthode.

Avec des enfants dont l'intelligence serait assez développée, on pourrait commencer ici à signaler la différence qui existe entre les voix graves et les voix aiguës, et on dirait que c'est à l'*o* grave qu'équivalent les combinaisons **au** et **eau** (1). La distinction du son grave et du son aigu dans la prononciation des voix variables (voir plus haut, page 11), est d'une extrême importance, et c'est surtout faute d'observer ces nuances, que bien des personnes, dans certaines parties de la France, ont un accent si désagréable. Il sera donc très à propos que le maître s'occupe le plus tôt possible de rectifier sur ce point la prononciation de ceux de ses élèves qui en auraient le plus de besoin. Cette rectification sera quelquefois un travail fort difficile et qui ne pourra guère avoir un succès complet; mais du moins on parviendra à corriger les fautes les plus choquantes, et, à chaque génération, la prononciation ira s'améliorant. Relativement au moyen qu'il convient d'employer pour la rectification qui nous occupe, nous croyons devoir signaler à nos lecteurs l'appendice III.

Sur une leçon aussi importante que celle qui nous occupe, l'élève devra passer au moins deux jours. Afin qu'il comprenne et retienne mieux les explications consignées plus haut, il faudra, soit aussitôt après les

(1) Il faut excepter les mots où *au* est suivi d'une *r*, comme ***aurore***, ***maure***, etc., et ceux où il est suivi d'une *l* dans la même syllabe, comme ***Paul***.

lui avoir données, soit surtout à la classe suivante, l'amener, au moyen d'interrogations, à les répéter lui-même. Nous allons donner une idée de ce que pourra être cet exercice.

LE MAITRE. Regardez les cinq voyelles **a**, **e**, **i**, **o**, **u**. Ne remarquez-vous pas que les unes sont composées de lignes courbes, et les autres de lignes droites? Ainsi, par exemple, de quelles lignes est composé l'**a**? — L'ÉLÈVE. De lignes courbes.

M. Et l'**e**, n'est-il pas principalement formé d'une d'une ligne courbe? — E. Oui, monsieur.

M. L'**i** ne se compose que d'une seule ligne. Cette ligne est-elle courbe ou droite? — E. Elle est droite.

M. Et la ligne qui forme l'**o**, qu'est-elle? — E. Elle est courbe.

M. Et l'**u**, n'est-il pas formé de deux lignes droites réunies par une espèce de liaison? — E. Oui, monsieur.

M. Si donc nous distinguons les voyelles en courbes et en droites, quelles seront les courbes? — E. L'**a**, l'**e** et l'**o**.

M. Et quelles seront les droites? — E. L'**i** et l'**u**.

M. Lorsqu'une courbe est suivie d'une droite, par exemple dans **ai**, **au**, **eu**, **oi**, **ou**, les prononce-t-on l'une après l'autre, chacune avec le son qu'elle représente d'ordinaire? — E. Non, monsieur.

M. Prononce-t-on du moins deux sons? — E. Le plus souvent on n'en prononce qu'un.

M. Et ce son que l'on prononce est-il celui que représente l'une ou l'autre des deux lettres? — E. Non, monsieur.

M. Ainsi, quand une courbe est suivie d'une droite, on les prononce en faisant entendre un seul son qui n'est ni l'un ni l'autre de ceux que représentent séparément ces deux lettres? — E. Oui, monsieur.

M. Comment appelle-t-on un ensemble de lettres qui s'unissent et, pour ainsi dire, se fondent ainsi l'une avec l'autre? — E. Une combinaison.

M. Quel son représente la combinaison de l'**a** et de l'**i** ? — E. Le son *è*.

M. Et la combinaison de l'**e** et de l'**i**? — E. Aussi le son *è*.

M. Et la combinaison de l'**a** et de l'**u**? —E. Le son *o*.

M. Et la combinaison de l'**e** et de l'**u**? — (L'élève répondra en faisant entendre le son *eu*).

M. Et la combinaison de l'**o** et de l'**u**? — (L'élève répondra pareillement en faisant entendre le son représenté par la combinaison qu'on lui signale).

M. Quel son représente la double lettre formée par la réunion de l'**o** et de l'**e**? — E. Elle représente le son *é*.

M. Que représente la combinaison de l'**œ** et de l'**u**? — E. Elle est l'équivalent de la combinaison *eu*.

M. Que représente la combinaison de l'**e**, de l'**a** et de l'**u**? — E. Elle est l'équivalent de la combinaison *au*, et par conséquent de la voyelle *o*.

M. N'y a-t-il pas deux espèces d'**o**? — E. Il y a l'*o* grave, comme dans *apôtre*, et l'*o* aigu, comme dans *homme*.

M. Duquel de ces deux *o* les combinaisons *au* et *eau* sont-elles les équivalents? — E. De l'*o* grave.

M. La combinaison *oi* représente-t-elle un seul son?

— E. Non, monsieur, elle représente deux sons, savoir le son *ou* et le son *a*.

M. Les deux sons représentés par *oi* doivent-ils être prononcés par deux émissions distinctes? — E. Non, monsieur, ils doivent être prononcés par une seule émission de voix.

M. Quel nom donne-t-on à l'ensemble de deux sons prononcés par une seule émission de voix? — E. On lui donne le nom de *diphthongue*.

M. Comment faut-il prononcer les deux sons qui composent une diphthongue?—É. On doit les prononcer en glissant rapidement sur le premier.

M. Pour que l'*e* se combine avec l'*i* ou avec l'*u*, n'y a-t-il pas une condition indispensable? — É. Il faut qu'il soit sans accent.

M. Quand un *e* portant un accent est suivi d'un *i* ou d'un *u*, qu'arrive-t-il? — É. L'*e* appartient à une syllabe, et l'*i* ou l'*u*, à la syllabe suivante. (En faisant la dernière question, on montrera à l'élève, sur le livre ou sur le tableau, les mots *réitéré*, *réuni*, et l'élève, après avoir répondu à la question, prononcera ces deux mots.)

M. Qu'arrive-t-il lorsqu'une droite précède une courbe, comme dans **ia**, **io**, **ué**, etc.; ou lorsque deux droites se suivent, comme dans **iu**, **ui**; ou lorsque deux courbes se suivent, comme dans **ao**, **oa**, etc.? — E. Les deux voyelles ne se combinent pas, mais se prononcent successivement, chacun avec sa valeur propre.

La plupart des leçons de la méthode peuvent ainsi donner lieu à des questions plus ou moins nombreuses, que le maître trouvera sans peine, et qu'il fera bien de ne pas négliger; car c'est là un excellent moyen de rendre l'enseignement intéressant et fructueux.

La leçon XVI traite des combinaisons qui représentent des voix nasales. La première chose à faire, en arrivant à cette leçon, c'est d'expliquer à l'élève ce que c'est qu'une voix nasale, point qui a été traité avec tous les détails nécessaires dans le chapitre I (page 10). On dira ensuite à l'élève que les voix qui peuvent devenir nasales sont la voix *a*, la voix *è*, la voix *o* et la voix *eu*, et on l'exercera à prononcer ces quatre voix alternativement avec le son oral et avec le son nasal. On ajoutera que, quand une diphthongue devient nasale, c'est seulement la seconde des deux voix dont elle est formée qui prend le son nasal. On exercera l'élève à prononcer quelques diphthongues successivement avec le son oral et avec le son nasal. Ces exercices sur les voix nasales sont surtout fort importants dans certaines parties de la France, où ces voix sont prononcées d'une manière on ne peut plus incorrecte; or ce grave défaut peut, avec quelques efforts, être notablement atténué.

Après ces études préliminaires sur les voix nasales, la lecture de la leçon XVI ne présentera aucune difficulté; mais il sera bon d'y consacrer deux jours, ou même davantage, jusqu'à ce que l'élève se soit bien gravé dans la mémoire les détails qu'elle contient. Nous avons terminé cette leçon par quelques lignes d'exercices, où l'on trouve souvent, l'un à côté de l'autre, deux mots presque identiques, comme *fin*, *fine*, *un*, *une*, etc. Il faudra expliquer aux enfants que, dans ceux de ces mots où l'*n* se trouve entre deux voyelles, comme dans *fine*, *une*, elle forme syllabe avec la voyelle qui la suit, et que, par conséquent, la voyelle qui la précède, ne se combinant point avec cette consonne ne prend point le son nasal.

La leçon XVII traite des articulations polygrammes. Ces articulations sont représentées par les quatre combinaisons *ch*, *ph*, *gn*, *ill*. Dans les deux premières, figure une lettre que l'élève ne connaît pas encore, la lettre *h*. Il n'y aura qu'à la lui montrer, en lui annonçant qu'on la lui fera bientôt connaître d'une manière plus complète, et en lui disant que, pour le moment, il lui suffit de savoir ce que représentent les deux combinaisons que cette lettre forme avec le *c* et le *p*. La première de ces combinaisons représente une articulation que l'élève n'a pas encore rencontrée dans la méthode; il faudra la prononcer devant lui et la lui faire répéter; quant à la seconde, elle n'est qu'un équivalent de la consonne *f*. La troisième combinaison, *gn*, et la quatrième, *ill*, représentent des articulations nouvelles, pour lesquelles on fera comme pour le *ch*; et, en outre, la quatrième, appelée vulgairement *l mouillée*, doit donner lieu à quelques observations.

D'abord, ainsi que nous l'avons expliqué dans le chapitre I (page 23), cette articulation peut se prononcer de deux manières différentes, l'une forte, et l'autre adoucie au point d'avoir à très-peu près le son d'un *i* commençant une diphthongue. La prononciation forte est incontestablement la plus correcte; mais l'autre, étant aujourd'hui d'un usage très-général, ne peut être regardée comme une faute, puisqu'en fait de langue, l'usage fait loi.

La lecture des mots où se trouve l'articulation qui nous occupe, présente quelques difficultés; on peut établir à ce sujet les règles suivantes : 1° lorsque la combinaison *ill* est précédée d'une voyelle, l'*i* de cette combinaison ne se prononce pas du tout; son unique rôle est de faire partie de la consonne composée, et il ne modifie en aucune manière le son de la voyelle dont il est précédé; ainsi l'*a* de *vaillant* se prononce exactement comme celui de *valeur*; 2° si néanmoins la voyelle qui précède *ill* est un *e*, cet *e* se prononce ouvert : *veille*, *vieillard*; 3° si la combinaison *ill* est précédée d'une consonne, l'*i* de cette combinaison se prononce, afin de servir d'appui à la consonne, et alors l'*l* mouillée est représentée seulement par les deux *l* qui suivent l'*i*: *fille*, *famille*. Puisque la prononciation du *ill* présente plusieurs cas différents, nous aurions dû, ce semble, en choisir un comme constituant la prononciation régulière, et renvoyer les autres à la seconde partie, comme des irrégularités et des exceptions. Mais c'eût été, en parlant pour la première fois aux enfants de la combinaison *ill*, leur donner de cette combinaison une notion inexacte, à force d'être incomplète; nous nous sommes donc décidé à présenter tous les cas, en donnant sur chacun d'eux une courte explication, que chaque maître saura mettre à la portée de ses élèves, et nous ne réservons pour la seconde partie que les mots vraiment exceptionnels, où deux *l* précédées d'un *i* ne se mouillent pas, comme *mille*, *tranquillité*, *illustre*, etc., et ceux à la fin desquels une seule *l* précédée d'un *i* prend le son mouillé, comme *avril*, *orteil*, *fenouil*, etc.

L'une des quatre combinaisons dont il est traité dans la leçon XVII, la combinaison *ph*, n'est, avons-nous dit, qu'un équivalent de la consonne *f*. Pareillement, dans les deux leçons précédentes, il y a plusieurs combinaisons qui ne sont que des équivalents; par exemple : *ai* et *ei*, équivalents de *è; am* et *em*, équivalents de *an; im*, *ain*, *aim* et *ein*, équivalents de *in*, etc. Or ne vaudrait-il pas mieux n'indiquer d'abord, pour chaque voix et chaque articulation, que le principal des signes simples ou composés qui la représente, et donner plus tard les équivalents de chacun de ces signes. C'est là, en effet, ce que l'on voit dans plusieurs méthodes de lecture, et cette manière de procéder serait parfaitement à propos s'il s'agissait de répondre à la question suivante : *Étant donné un son* (voix ou articulation), *indiquer les différentes manières dont il peut être représenté.* Mais cette question est celle que se propose de résoudre un traité d'orthographe; tandis qu'une méthode de lecture se propose la question inverse : *Étant donné un signe simple ou composé, déterminer le son* (voix ou articulation) *qu'il représente.* Or la question, ainsi posée, indiquait tout naturellement la marche que nous avons suivie. Toutes les combinaisons de même nature se trouvant groupées dans une même leçon, l'élève apprendra bien plus facilement la valeur de chacune d'elles, et, lorsqu'il éprouvera quelque embarras, il saura à l'instant où recourir, d'autant plus que toutes ces combinaisons sont renfermées dans trois leçons seulement.

Du reste, la considération des équivalents ayant une utilité réelle, nous n'avons garde de la négliger. Dès que l'élève a appris les lettres et les combinaisons de lettres dans l'ordre le plus commode et le plus facile, nous lui présentons ces mêmes signes groupés par équivalents. Tel est l'objet des leçons XVIII et XIX, qui résument, la première, toutes les voix, au nombre de quinze; la seconde, toutes les articulations, au nombre de dix-huit. Rien de plus intéressant que ces deux leçons, où l'on voit réunis tous les éléments de la langue parlée, représentés chacun par son signe principal et par les équivalents de ce signe. Ces deux leçons renferment tout ce qui est vraiment indispensable pour lire les mots appartenant à la prononciation régulière.

En faisant ainsi repasser à l'élève tous les sons de la langue et tous les signes, tant simples que composés, qu'il connaît, il sera bon de lui rappeler, et de lui faire appliquer à tous les mots cités comme exemples dans ces deux leçons, la règle de la division des mots en syllabes, règle qu'on pourra formuler ainsi, en appelant, pour plus de brièveté, *voyelle composée* toute combinaison de lettres représentant une voix, et *consonne composée*, toute combinaison de lettres représentant une articulation : *Toute voyelle simple ou composée forme syllabe avec la consonne simple ou composée dont elle est précédée, et, si elle n'est point précédée d'une consonne, elle forme une syllabe à elle seule.*

Cette règle doit être complétée par les deux observations suivantes : 1° les deux lettres *qu* doivent être regardées comme formant une consonne composée;

— 2° quand, devant les trois lettres *ill*, il y a une voyelle, ces trois lettres forment une consonne composée, qui fait syllabe avec la voyelle suivante; mais, quand ces trois lettres sont précédées d'une consonne, l'*i* fait syllabe avec cette consonne, et les deux *l* représentent l'articulation *ill*, laquelle fait syllabe avec la voyelle suivante.

Les dix-neuf premières leçons renfermant, comme nous l'avons dit, tout ce qu'il y a de plus fondamental dans l'étude de la lecture, il est essentiel, avant d'aller plus avant, de bien s'assurer que l'élève sait parfaitement ces leçons. Il suffira pour cela de lui faire relire la leçon VII, les exercices contenus dans les leçons VIII, IX, X, XI et XII, enfin les leçons XIII, XIV, XV, XVI, XVII, XVIII et XIX.

La leçon XX traite des diphthongues dont les deux voix sont écrites comme si elles appartenaient à deux syllabes différentes. La lecture des diphthongues ne peut évidemment présenter aucune difficulté à l'élève qui sait lire les lettres et les combinaisons de lettres représentant des voix; mais il a besoin de savoir quels sont les cas où deux voix successives forment diphthongue, afin de les prononcer en conséquence, c'est-à-dire en glissant sur la première des deux voix et en ne s'arrêtant que sur la seconde. Or, d'après ce que nous avons dit page 18, toutes les diphthongues de la langue française commencent par une des voix *i*, *u*, *ou;* la question serait donc résolue si, toutes les fois qu'une de ces trois voix se trouve suivie d'une autre, il en résultait une diphthongue. Théoriquement, cela n'a point lieu, et bien souvent une des trois voix en question appartient à une syllabe, tandis que la voix venant immédiatement après fait partie de la syllabe suivante; mais, pratiquement, les deux voix se prononcent de la même manière dans les mots où elles forment des diphthongues, et dans ceux où elles sont censées appartenir à deux syllabes différentes. S'il y a une nuance, elle est si légère qu'on n'a pas à s'en préoccuper avec des enfants qui apprennent à lire. Cette nuance, ne se faisant guère sentir que dans les vers et, d'une maniere beaucoup moins marquée, dans le discours soutenu, est plutôt du ressort d'un traité sur la versification ou sur le débit oratoire, que d'une méthode de lecture.

Dans toutes les syllabes que nous avons vues jusqu'ici, l'articulation, quand il y en a une, précède la voix et s'appuie sur elle : la leçon XXI présente pour la première fois des syllabes où, au contraire, la voix précède l'articulation, syllabes qui, en conséquence, sont dites *inverses*. Nous avons donné, page 27, des explications complètes sur la nature de ces syllabes; mais ces explications seraient peu intelligibles pour les enfants, et ne leur sont nullement nécessaires. Il suffira qu'ils sachent ce qui est indiqué au haut du tableau, touchant la manière dont se prononcent, dans les syllabes inverses, l'*e* sans accent et les consonnes *c* et *g*. Après cela, on leur fera lire le tableau, d'abord ligne par ligne, et puis en leur signalant des syllabes au hasard, afin d'éviter qu'ils ne lisent de mémoire.

Lorsque les élèves sauront lire le tableau des syllabes inverses, on les exercera à en faire l'application dans la leçon XXII. Tous les mots qui se trouvent dans cette leçon contiennent des syllabes inverses; mais, très-souvent, ces syllabes diffèrent un peu de celles du tableau, en ce qu'elles commencent par des consonnes; on les appelle alors syllabes *closes*, parce que la voix qu'elles contiennent se trouve comme enfermée entre deux articulations. La lecture des mots renfermant des syllabes inverses, qu'elles soient closes ou non, ne présente qu'une difficulté, celle de la division des mots en syllabes. Pour cela, il suffira de faire à la règle des pages 78 et 91 les deux additions suivantes : 1° *Lorsque, dans le corps d'un mot, il y a deux consonnes de suite ne formant point combinaison, la première de ces consonnes forme syllabe avec la voyelle qui la précède, et la seconde, avec celle qui la suit; 2° lorsqu'un mot est terminé par une ou plusieurs consonnes, ces consonnes font syllabe avec la voyelle qui les précède.* La restriction que ces mots *ne formant point combinaison* apportent à la première de ces deux règles s'explique d'elle-même. En effet, il est évident que, par exemple, dans *ligne*, *agneau*, les deux consonnes *g* et *n*, formant une combinaison, une véritable consonne composée, ne se séparent point, mais font syllabe avec la voyelle qui les suit.

Nous ne voyons aucune explication à donner sur la leçon XXIII, relative à l'*y*, ni sur les leçons XXIV et XXV, qui traitent des divers signes orthographiques. A propos de la leçon XXVI, relative à l'*h*, nous nous bornerons à rappeler ce que nous avons dit, page 21, sur la prononciation de l'*h* appelée improprement *aspirée*.

La leçon XXVII consiste en exercices de lecture courante, destinés à récapituler les leçons antérieures.

Dans toutes ces leçons, nous n'avons encore vu, précédant une voix et formant syllabe avec elle, qu'une articulation, soit monogramme, soit polygramme ; la leçon XXVIII nous montre des syllabes où la voix est précédée de deux articulations qui se prononcent successivement, et qui forment ce qu'on appelle *des diphthongues-consonnes.* Or, de même que toutes les voix ne sont pas également propres à former des diphthongues-voyelles, de même aussi il y a des articulations qui ont plus de facilité que d'autres à se lier entre elles et qui, par conséquent, sont plus spécialement propres à former des diphthongues-consonnes. Ces articulations sont les deux liquides *l* et *r*, précédées des muettes *b*, *p*, *g*, *c*, ou des sifflantes *v*, *f*. Les muettes *d* et *t* ne s'unissent guère qu'avec l'*r*. Les diphthongues consonnes sont donc : *bl*, *br*, *pl*, *pr*, *gl*. *gr*, *cl*, *cr*, *vl*, *vr*, *fl*, *fr*, *dr*, *tr*. On trouve aussi, mais dans un bien petit nombre de mots, *cz* et *ps*. Toutes ces doubles articulations sont indivisibles ; lors donc que quelqu'une d'elles se trouve entre deux voix, on ne doit pas rattacher la première à la voix qui précède, et la seconde à la voix qui suit, mais toutes les deux doivent former syllabe avec cette dernière voix. Nous avons eu soin de donner comme exemples, dans la leçon XXVIII, un assez grand nombre de mots où ces diphthongues consonnes se trouvent ainsi placées entre deux voyelles.

Il y a d'autres couples d'articulations qui forment des diphthongues au commencement des mots, mais qui, entre deux voyelles, se divisent, la première des deux articulations s'unissant à la voyelle qui précède, pour former avec elle une syllabe inverse, et la seconde formant syllabe avec la voyelle qui suit. Il existe même quelques *triphthongues-consonnes*, c'est-à-dire quelques assemblages de trois articulations, qui, au commencement d'un mot, appartiennent à la même syllabe que la voix qui les suit, mais qui, entre deux voyelles, se divisent, la première des trois articulations s'unissant à la voix qui précède, et les deux autres formant syllabe avec la voix suivante. La leçon XXIX a pour objet ces différents assemblages d'articulations, c'est-à-dire les diphthongues-consonnes qui se divisent dans le corps des mots, et les triphthongues-consonnes.

La leçon XXX traite de l'*x*, qui équivaut le plus souvent à l'une des deux diphthongues consonnes *cs*, *gz*. C'était la seule lettre que l'élève n'eût pas encore vue ; on pourra donc lui présenter maintenant l'alphabet complet, pour lui indiquer l'ordre dans lequel y sont placées les lettres, ordre qu'il sera bon de lui faire apprendre de mémoire. Les leçons XXX et XXXI étant consacrées à des exercices de lecture courante, l'alphabet ne se trouve qu'a la leçon XXXIII. La leçon XXXIV a pour objet de faire connaître à l'élève les lettres italiques, anglaises, rondes et gothiques ; enfin, la leçon XXXV, qui termine la première partie, contient de petits exercices sur ces divers caractères.

Dans l'édition en tableaux, les trente-cinq leçons de la première partie forment six tableaux. Avec des élèves ayant l'intelligence un peu développée, une semaine suffira pour chaque tableau, et, si l'on ajoute une semaine de révision après l'étude des trois premiers tableaux, et une autre semaine après l'étude des trois derniers, il en résultera que deux mois d'étude auront mis l'élève en état de lire couramment tous les mots réguliers de la langue. Avec de très-jeunes enfants, il faudra évidemment plus de temps. Parmi les tableaux, il en est plusieurs qui ne contiennent que cinq leçons; par conséquent, si l'on voit une leçon par jour, il restera, à la fin de la semaine, un jour pour repasser. Il y a des tableaux qui renferment six leçons; mais alors on trouve, au commencement du tableau suivant, une leçon de récapitulation ou de révision.

Il nous a semblé qu'une méthode de lecture serait incomplète si elle ne mettait les élèves en état de lire les chiffres. En conséquence, lorsque nous avons pu disposer de quelques lignes au bas d'une leçon, nous en avons profité pour donner des exercices sur les chiffres: mais nous avons eu soin de ne commencer cette étude qu'après avoir fait connaître les éléments essentiels de la lecture proprement dite; ainsi, le premier exercice sur les chiffres se trouve au bas de la leçon XVII, qui traite des articulations polygrammes.

Il ne sera peut-être pas mal d'expliquer aux enfants que les noms des nombres pourraient s'écrire comme les autres mots, c'est-à-dire en toutes lettres, et on leur montrera écrits de cette manière sur le tableau, les noms de nombres qu'ils sont en état de lire au point où ils se trouvent parvenus, c'est-à-dire les mots *un*, *onze*, *douze*, *seize*. Les noms des autres nombres renferment, soit des diphthongues consonnes, soit des lettres nulles ou d'autres difficultés que les enfants n'ont pas encore vues. On leur dira ensuite que cette manière d'écrire les nombres étant longue et peu commode, on est convenu d'employer un procédé beaucoup plus simple, en vertu duquel les neuf premiers nombres sont représentés chacun par un seul caractère, et on leur montrera dans la première ligne du premier exercice ces neuf premiers caractères, appelés *chiffres arabes.* A la fin de cette première ligne, se trouve le nombre *dix*, représenté par le chiffre 1 et par un caractère nouveau appelé *zéro*. On dira aux enfants que le zéro n'a pas de valeur par lui-même; mais que, lorsqu'il se trouve à la droite d'un chiffre, il fait que ce chiffre, se trouvant reculé d'un rang, a une valeur dix fois plus grande. Après cette explication, l'enfant comprendra sans peine la valeur des nombres de la seconde ligne, 11, 12... 20, et même des nombres compris dans les lignes suivantes, lesquels vont jusqu'à 50. Seulement, il sera bon de ne montrer, le premier jour, que la première ligne, et de réserver le reste de l'exercice pour les leçons suivantes.

Le second exercice, placé au bas de la leçon XX, présente, dans une première ligne, la série des nombres impairs depuis 1 jusqu'à 25, et dans une seconde ligne, la série des nombres pairs depuis 2 jusqu'à 26. Le troisième exercice, placé au bas de la leçon XXII, reprend la série des nombres au point où elle s'était arrêtée dans le premier exercice, c'est-à-dire à 50, et la continue jusqu'à 100; seulement, on a omis quelques nombres qui ne présentaient aucune difficulté.

Le quatrième exercice (leçon XXV) présente la série des nombres pairs depuis quarante jusqu'à 100, et la cinquième (leçon XXVI), la série des nombres impairs depuis 41 jusqu'à 99. Enfin, dans un septième exercice (leçon XXXIII), nous donnons la série des nombres de 5 et 5 depuis 5 jusqu'à 100. Comme on le voit, ces différents exercices ne sont pas seulement de nature à faire acquérir aux enfants une grande habitude de la lecture des chiffres, mais encore ils sont une très-utile préparation à l'étude du calcul.

Au bas de la leçon XXXIII nous donnons la série des chiffres romains depuis I jusqu'à XXX, et au bas de la leçon XXXV, après avoir donné toutes les dizaines jusqu'à XC, nous complétons la série jusqu'à C.

Article II. — IRRÉGULARITÉS, EXCEPTIONS, DIFFICULTÉS.

Pour initier les enfants aux irrégularités de prononciation, qui constituent la grande difficulté de la lecture du français, il ne suffit pas de leur montrer, sur un petit nombre d'exemples, les différentes valeurs que peut prendre chaque lettre ou combinaison de lettres; il faut encore les mettre en état de déterminer, à chaque mot qui se présente, laquelle de ces prononciations doit être employée. Or il est impossible de les amener là, sans leur faire connaître brièvement, simplement, mais d'une manière à peu près complète, les règles de la prononciation française. — «Mais, dira-t-on peut-être, avec quelque simplicité que ces règles soient formulées, on ne peut les faire étudier à un enfant qui ne sait pas encore lire.» — Rien de plus évident; aussi avons-nous eu soin de donner, pour chaque règle, de nombreux exemples qui, imprimés en caractères distincts et très-apparents, sont la seule partie de la leçon que l'enfant devra lire dans une première étude. Ainsi, chaque leçon se trouvera réduite à des exercices méthodiquement groupés, et les règles, imprimées en plus petits caractères, ne seront que des indications pour le maître. Mais, quand l'élève parcourra la méthode pour la seconde fois, il pourra lire ces règles sans difficulté et les étudier avec fruit, et, plus tard, elles lui seront très-commodes, toutes les fois qu'il sera en doute sur la prononciation de quelque mot; car nous croyons qu'on trouverait difficilement, même dans les ouvrages les plus volumineux, un traité de prononciation plus exact et plus complet que celui qui est ici renfermé dans une quinzaine de leçons.

Mais il pourrait arriver que les enfants, aidés par leur mémoire locale, s'accoutumassent à lire par cœur les exemples groupés dans ces leçons, sans pour cela être en état de bien prononcer ces mêmes mots quand ils les trouveraient ailleurs. C'est pour prévenir cet inconvénient, que nous avons eu soin de mettre habituellement, en face de chaque leçon de règles, une leçon d'exercices entremêlés, terminée toujours par un petit sujet de morale, pour exercer les enfants à la lecture courante.

Les leçons de prononciation sont disposées dans l'ordre suivant : *Terminaisons,* — *Consonnes redoublées,* —*Irrégularités des voyelles,*—*Irrégularités des consonnes,* — *Prononciation de quelques noms étrangers* : mais nous avons commencé par donner, dans la première leçon, *quinze règles,* qui renferment les irrégularités les plus fréquentes ; en sorte qu'un enfant qui connaîtra bien ces quinze règles, pourra s'exercer à la lecture courante, sans se trouver arrêté, si ce n'est bien rarement. Nous avons fait suivre ces premières règles de trois leçons d'exercices, qui en faciliteront singulièrement l'étude.

A ces observations, que nous avons reproduites textuellement en tête de la seconde partie du *Livre de l'élève*, nous ne voyons rien d'essentiel à ajouter sur la manière de présenter aux enfants les leçons dont se compose cette seconde partie, vu surtout que chacune de ces leçons renferme des indications et des explications parfaitement suffisantes. Répétons seulement, pour les personnes qu'effrayeraient les nombreux détails dans lesquels entrent ces explications, que nous n'avons nullement la prétention de faire apprendre toutes ces règles aux enfants; ce sont seulement des indications, dont le plus souvent ils n'auront même pas besoin (car chaque enfant sait, par habitude, prononcer un grand nombre de mots irréguliers), mais dans lesquelles ils trouveront à l'instant la solution de toutes les difficultés qui pourraient les arrêter. Ainsi, ces règles seront très-souvent un utile secours, et ne pourront jamais devenir un embarras.

APPENDICE

I

Les grammairiens ne sont pas d'accord sur la prononciation de la diphthongue *oi*. Les uns prétendent que cette prononciation est *ouè*, d'autres la représentent par *oè;* mais nous n'hésitons pas à affirmer que la seule conforme à l'usage est celle que nous avons indiquée, c'est-à-dire *oua*, et que les deux autres sont tout à fait incorrectes, surtout la prononciation *oè*, que l'on ne trouve que dans les patois de quelques contrées du nord de la France. Pour comprendre comment il a pu arriver que la valeur de la diphthongue *oi* ait été indiquée d'une manière aussi erronée, il faut se rappeler que, généralement, les grammairiens, quand ils traitent de prononciation, se règlent bien moins sur l'oreille, qui devrait être leur seul guide, que sur des raisonnements, qui trop souvent les égarent. Ils ont vu que, dans certains mots, comme *moelle*, *poêle*, les deux voyelles *oe* se prononcent comme la diphthongue *oi;* or, en présence de cette espèce d'équation entre *oi* et *oe*, l'observation la plus superficielle montrant que, dans la prononciation de *oe*, on ne trouve pas les deux sons *o* et *i*, ils ont supposé que, dans la prononciation de *oi*, on trouve les deux sons *o* et *è;* tandis qu'une observation plus attentive leur aurait fait reconnaître que, dans la prononciation des deux combinaisons en question, il n'y a pas plus les sons *o* et *è* que les sons *o* et *i*, mais bien les sons *ou* et *a*.

Ce n'est pas tout : comme nous l'établissons page 18, et comme nous l'expliquons avec plus de détail dans l'appendice II, il ne peut pas y avoir de diphthongue qui ne commence par une des voix *i*, *u*, *ou*. D'après cela, quand les personnes qui se figurent que *oi* doit se prononcer *oè*, veulent, pour former la diphthongue, passer rapidement sur le son *o*, il arrive que, sans le vouloir, sans le savoir, elles substituent à ce son le son *ou*, et, au lieu de *oè*, prononcent *ouè*. Aussi, plusieurs grammairiens représentent-ils la prononciation de *oi* par *ouè*, notation qui, au moins, indique une diphthongue possible, tandis que les sons *o* et *è* ne sauraient être prononcés par une seule émission de voix.

Malgré cela, la prononciation *ouè* est incontestablement inexacte. Pour s'en convaincre, il suffit de considérer que, si elle indiquait la valeur de *oi*, il n'y aurait aucune différence de prononciation entre *foi* et *fouet*, entre *roi* et *rouet*, entre le nom *loi* et l'imparfait *louait*, ce qui est absolument inadmissible. On n'a qu'à voir l'effet que produirait sur l'oreille cette prononciation des mots *foi*, *roi*, *loi* dans les phrases suivantes : *Ce n'est pas à coups de fouet que l'on donne la foi. Les anciens poëtes nous représentent souvent une fille de roi filant à son rouet. On louait la loi mais on ne l'observait pas.*

Il y a des mots, comme *Noël*, *poëte*, *poésie*, où les deux voyelles *o* et *e* doivent conserver chacune sa valeur propre ; mais, bien des gens ayant l'habitude de prononcer ces deux sons très-rapidement, de manière à en faire une diphthongue, il arrive, en vertu de ce que nous avons dit tout à l'heure, que l'*o* se change en *ou*, et que l'on dit *Nouel*, *pouète*, *pouésie*. Cette prononciation pour être assez répandue, n'en est pas moins défectueuse. Quelques personnes, poussant plus loin encore l'altération des sons, prononcent *oe* dans ces mots comme dans *moelle* et *poêle*, c'est-à-dire qu'elles en font un équivalent de *oi*, et par conséquent de *oua;* cette prononciation est plus répréhensible encore que la précédente.

Lorsque la combinaison *oi* se trouve suivie d'une *n* dans la même syllabe, et doit par conséquent prendre le son nasal, il serait naturel que l'on prononçât *ouan;* mais la seconde voix de la diphthongue, au lieu d'être un *a* nasal, devient un *è* nasal, c'est-à-dire qu'à l'*a* nasal on substitue le son représenté habituellement par la combinaison *in*. Nous nous bornons à constater cette irrégularité, sans entreprendre d'en rechercher la cause, recherche de pure curiosité, qui allongerait, sans utilité pratique, cette note déjà si étendue.

II

A propos de ce que nous avons dit page 23, que la plupart des gens substituent à l'*l* mouillée une espèce d'articulation très-faible, se rapprochant beaucoup d'un *i*, on pourra demander comment une articulation, même très-adoucie, peut ressembler à une voix; les voix et les articulations ne sont-elles pas des éléments essentiellement différents? — Pour résoudre cette difficulté, il n'y a qu'à se rappeler qu'il y a articulation toutes les fois qu'un obstacle qui empêchait la libre sortie de l'air sonore étant écarté, cet air s'échappe avec une sorte d'explosion. Or, quand on prononce un *i*, la langue se place près du palais, de manière, il est vrai, à ne pas intercepter entièrement la sortie de l'air, mais à ne lui laisser qu'un étroit passage. Si donc on écarte ensuite la langue du palais, pour prononcer une voix qui demande que l'air ait un passage beaucoup plus large, par exemple, un *a*, un *o*, etc., cet écartement subit de la langue donne lieu à une légère explosion, et par conséquent l'*i*, tout en étant une véritable voix, jouera, par rapport à la voix qui viendra après, le rôle d'une demi-articulation. C'est ce qui a lieu dans toute diphthongue commençant par *i*. Cela a lieu aussi, quoique d'une manière moins marquée, dans les diphthongues commençant par *u* ou par *ou*, voix que l'on prononce en rapprochant les lèvres, de manière à ne laisser qu'un étroit passage à l'air; d'où il résulte que, la voix qui vient après exigeant un passage plus large, on entendra une espèce d'explosion, qui constituera une demi-articulation. Ces considérations nous amènent à une conclusion assez importante pour la théorie de la prononciation. En effet, d'un côté, nous avons vu que toute diphthongue commence par une des voix *i*, *u*, *ou*, et, d'un autre côté, nous venons de constater que, lorsqu'une quelconque de ces trois voix est immédiatement suivie d'une autre voix, elle joue, par rapport à cette voix, le rôle d'une demi-articulation. Il résulte de là que l'union si intime qui, dans une diphthongue, existe entre les deux voix, est tout à fait analogue à celle qui se trouve entre une articulation et la voix qui lui sert d'appui. Dès lors, il est aisé d'expliquer pourquoi il n'y a pas de diphthongue qui ne commence par une des trois voix *i*, *u*, *ou*; c'est que ces trois voix sont les seules pour lesquelles on ne laisse à l'air qu'un passage tellement étroit, que toute voix venant après donne nécessairement lieu à une petite explosion. Cette théorie explique la nature des diphthongues d'une manière qui ne laisse, ce nous semble, rien à désirer. Mais on pourrait encore demander quelques explications sur les diphthongues composées d'un *u* ou d'un *ou*, suivis d'un *i*. En effet, le passage qu'on laisse à l'air en prononçant un *i*, n'est-il pas aussi étroit, et même plus, que celui qui correspond à l'*u* ou à l'*ou*, et, dès lors, comment la prononciation de l'*i*, après une de ces deux voix, peut-elle donner lieu à une explosion? Pour se rendre compte de ce fait, il n'y a qu'à considérer que, quand on prononce un *u* ou un *ou*, c'est en rapprochant les lèvres l'une de l'autre qu'on rétrécit le passage laissé à l'air; tandis que, pour l'*i*, c'est entre la langue et le palais que l'on ménage à l'air une étroite issue. Or, il est aisé de constater que, lorsqu'on veut, après un *u* ou un *ou*, prononcer un *i*, on ne peut donner à la langue la position qu'exige la prononciation de cette dernière voix, sans écarter les lèvres, qui se trouvaient rapprochées pour la prononciation de l'*u* ou de l'*ou;* or, cet écartement subit des lèvres donne nécessairement lieu à une légère explosion. Dès lors, on conçoit parfaitement que la voix *u* ou la voix *ou*, prononcée avant l'*i*, joue par rapport à celui-ci le rôle d'une espèce d'articulation. On expliquerait d'une manière analogue comment il se fait que, dans des situations inverses, l'*i* joue le rôle d'une demi-articulation par rapport à l'*u* et à l'*ou*.

III

Lorsqu'en entend prononcer le français d'une manière plus ou moins incorrecte, on reconnait presque toujours que les principales incorrections tiennent aux trois défauts suivants, ou du moins à quelqu'un d'entre eux : 1° Les *e* muets prononcés trop fortement, ou même changés en *é* fermés; 2° Les nuances du son grave et du son aigu non indiquées ou indiquées à contre-sens; 3° Les nasalités mal faites.

1° Pour ce qui tient aux *e* muets, nous ne pouvons que rappeler la règle que nous avons déjà donnée : *Un e muet ne se prononce que lorsque cela est indispensable pour pouvoir articuler la consonne ou les consonnes dont il est précédé; on ne le prononce qu'avec le degré de force né-*

cessaire pour l'articulation de ces consonnes; enfin le son qu'on lui donne est celui de la voix **eu** *moyenne, c'est-à-dire ni grave, comme dans* **jeûne**, *ni tout à fait aigu comme dans* **leur**, *mais pourtant se rapprochant plutôt de ce second exemple que du premir.* En ramenant l'élève à cette règle toutes les fois qu'il prononce mal un *e* muet, on parviendra à rectifier sa prononciation sur ce point capital; mais il faudra pour cela de la persévérance; car l'expérience nous a appris que ce défaut est un de ceux qui se corrigent le plus difficilement.

2° Quand on a affaire à des élèves qui n'ont aucune idée des nuances du son grave et du son aigu, il est quelquefois très-difficile de leur faire comprendre en quoi consistent ces nuances, et surtout de les amener à les produire convenablement. Le moyen qui réussit le mieux consiste à signaler ce fait, qu'une voix quelconque, selon qu'on la prononce grave ou aiguë, se rapproche de deux voix différentes. Ainsi l'*a* grave se rapproche de l'*ô*, et l'*a* aigu se rapproche de l'*è*; et ce sont ces rapprochements qui, poussés beaucoup trop loin par la classe illettrée, font qu'à Paris et surtout aux environs, la négation *pas* se change quelquefois presque entièrement en *po*, et que le mot *Mont-Parnasse*, souvent prononcé par le peuple de Paris à cause du quartier de ce nom, est complétement transformé en *Mont-Pernasse*. En tenant les élèves en garde contre de pareilles exagérations, on pourra tirer un grand parti de ces rapprochements, que nous indiquons dans le tableau suivant :

Sons dont elles se rapprochent quand elles sont graves.	Voix variables.	Sons dont elles se rapprochent quand elles sont aiguës.
o	a	è
a	è	é
ou	o	a
u	**eu**	o

3° Une voix nasale n'est autre chose qu'une voix orale que l'on prononce en faisant passer par le nez une très-faible partie de l'air sonore qui sert à la produire. La prononciation d'une voix nasale n'est jamais défectueuse parce qu'on fait passer par le nez une trop faible quantité d'air; au contraire, plus cette quantité d'air est faible, plus le son nasal est pur et agréable. Il faudra s'attacher à faire bien comprendre ce principe si simple aux élèves qui prononcent mal les nasalités, c'est-à-dire qui, au lieu de se borner à faire entendre un léger retentissement nasal, y joignent une sorte d'articulation nasale. Dans quelques parties du midi de la France, on entend distinctement, après une voix nasale, l'articulation *gn*, en sorte que *pain* se prononce à très-peu près comme *peigne*, *soin* comme *soigne*, etc. Pour parvenir à corriger un défaut aussi grave, il faut d'abord exagérer un peu le principe que nous avons établi plus haut, en ne faisant presque pas sentir les nasalités, c'est-à-dire en prononçant les voix nasales presque de la même manière que si elles étaient orales, et on arrivera ensuite peu à peu à leur donner exactement le retentissement nasal qui convient.

FIN.

1026 — PARIS. IMPRIMERIE DE ÉDOUARD BLOT, RUE SAINT-LOUIS, 46.

www.ingramcontent.com/pod-product-compliance
Ingram Content Group UK Ltd.
Pitfield, Milton Keynes, MK11 3LW, UK
UKHW020326250726
13967UKWH00004B/1886